Das Märchenschiff

Das Märchenschiff

Märchen aus fernen Ländern

erzählt von Gidon Horowitz
illustriert von Barbara Bedrischka-Bös

Herder Freiburg · Basel · Wien

Rolf Metten
Freiburg, 19.3.'93
Adelheid-Theta-Haus

Einband: Barbara Bedrischka-Bös

Alle Rechte vorbehalten – Printed in Belgium
© Verlag Herder Freiburg im Breisgau 1993
Druck und Einband: Proost, Turnhout 1993
ISBN 3-451-22344-9

INHALT

ANGALAO UND DIE DREI FREUNDE

An einem schönen, sonnigen Sommertag fuhren drei Freunde hinaus aufs Meer, um Fische zu fangen, ein Hirsch, ein Affe und eine Schildkröte. Die Fische bissen an diesem Tag ungeheuer gut an. Mittags war ihr kleines Boot schon halb voll, und als sie abends am Strand anlegten, war es bis zum Rand gefüllt mit den leckersten Fischen. Sie machten ein kleines Feuer und brieten einige Fische, und dabei sprach der Hirsch: „Wir können sehr zufrieden sein, Freunde! Wir haben heute einen sehr guten Fang getan."

„Oh ja!" antwortete die Schildkröte. „Wir haben so viele Fische gefangen, daß wir sie gar nicht alle auf einmal aufessen können. Wir haben auch nicht genügend Salz, um sie einzusalzen. Wir müssen sie morgen zum Trocknen an die Sonne legen."

„Aber dann muß einer von uns die Fische bewachen!" kreischte der Affe und kratz-

te sich dabei ganz aufgeregt. „Denn hier in der Nähe haust dieses schreckliche Ungeheuer Angalao, und das frißt nicht nur alle Fische, die hier gefangen werden, sondern auch die Fischer dazu!"

„Oh", meinte die Schildkröte, „von Angalao habe ich noch nie etwas gehört."

„Ja, weil du nicht so in der Welt herumgekommen bist wie ich", erwiderte der Affe. „Ich habe ihn schon gesehn."

„Und wie sieht er denn aus?" wollte sie weiter wissen.

„Wie er aussieht?" entgegnete der Hirsch. „Er ist groß und schwarz und zottelig und sieht aus wie ein Mensch."

„Wir müssen jetzt Lose ziehen", kreischte der Affe, „wer von uns morgen die Fische bewachen soll!"

„Freunde", sprach der Hirsch und richtete sich zu seiner vollen Größe auf, „das ist völlig überflüssig. Ich bin der größte und stärkste von uns, und ich habe mein Geweih. Damit werde ich die Fische gegen Angalao verteidigen."

„Aber du hast eine große Familie", wandte der Affe ein. „Wenn dir etwas zustößt, werden deine Frau und deine Kinder um dich weinen. Warum soll nicht ich die Fische bewachen? Ich bin ganz allein."

„Lieber Freund", entgegnete der Hirsch, „das ist wirklich sehr großzügig von dir. Aber da ich der größte und stärkste von uns bin, bestehe ich darauf, die Fische gegen Angalao zu verteidigen!"

So fuhren am nächsten Morgen der Affe und die Schildkröte hinaus aufs Meer, um neue Fische zu fangen, und der Hirsch blieb allein am Strand zurück. Er lief auf und ab, an der langen Reihe der Fische entlang, die zum Trocknen an der

Sonne lagen. An dem Strand stand ein riesiger *Teakbaum*, und immer wenn der Hirsch daran vorbeikam, wetzte er am Stamm sein Geweih. So wartete er eine ganze Zeit auf Angalao, aber der kam nicht. Doch plötzlich brach er wie ein wilder Büffel durch die Büsche hervor, und als er die Fische am Strand liegen sah, brüllte er voller Zorn: „Ah, ein Fischedieb! Wo bist du, daß ich dich freß'?!"

Dem Hirschen wurde es angst und bange bei dieser fürchterlichen Stimme. Der Schreck fuhr ihm in alle vier Läufe, und die begannen von allein davonzurennen, ob er es wollte oder nicht. So schnell sprang er davon, daß Angalao ihm nur die Faust nachschütteln konnte. Dann fraß er alle Fische auf und verzog sich wieder.

Als sie abends wieder am Feuer saßen, meinte der Hirsch zerknirscht: „Es tut mir sehr leid, Freunde; ich konnte die Fische nicht gegen Angalao verteidigen. Er ist zu schrecklich."

„Das macht doch nichts", tröstete ihn die Schildkröte. „Hauptsache, dir ist nichts geschehen dabei. Und wir haben ja heute wieder so viele Fische gefangen – noch mehr als gestern!"

„Ja, es ist unglaublich, wie viele Fische in dieser Bucht hier herumschwimmen", kreischte der Affe. „Aus Furcht vor Angalao traut sich eben niemand hier zu fischen. Morgen werde ich die Fische bewachen. Vielleicht verschont Angalao mich, weil ich so klein bin."

So fuhren am nächsten Tag der Hirsch und die Schildkröte hinaus aufs Meer, um Fische zu fangen, und der Affe blieb allein am Strand zurück. Der Affe war faul. Er legte sich in den Schatten des großen Teakbaumes und fächelte sich mit einem breiten Blatt Kühlung zu. So wartete er eine ganze Stunde auf Angalao, aber der kam nicht. Der Affe freute sich. Er wartete noch eine Stunde, doch Angalao kam nicht. Der Affe dachte: ,Vielleicht kommt er heute gar nicht! Vielleicht ...' – doch da kam er. Wie ein wilder Büffel brach er durch die Büsche hervor, und als er die Fische am Strand liegen sah, brüllte er voller Zorn: „Unglaublich! Schon wieder ein Fischedieb! Wo bist du, daß ich dich freß'?!"

Dem Affen wurde es angst und bange bei dieser fürchterlichen Stimme und dem schrecklichen Anblick. Er sprang auf den hohen Teakbaum und kletterte in die obersten Zweige, so schnell er konnte. Das war sein Glück, beinahe hätte Angalao ihn noch am Schwanz erwischt. Nun aber baumelte der Affe hoch oben, wo Angalao nicht hinkonnte. Voller Zorn stand er unten, schüttelte die Faust und brüllte: „Komm herunter, Fischedieb, dann freß' ich dich!"

„Nein", antwortete der Affe. „Die Fische kannst du ja fressen, aber mich verschone bitte!" Und er blieb an seinem sicheren Ort. Angalao aber fraß alle Fische auf, und dann verzog er sich wieder.

Als sie abends am Feuer saßen, meinte der Affe kleinlaut: „Freunde, es tut mir sehr leid. Auch ich konnte die Fische nicht gegen Angalao verteidigen. Er ist fürchterlich."

„Das macht doch nichts", tröstete ihn die Schildkröte. „Hauptsache, dir ist nichts geschehen dabei. Und wir haben heute wieder so viele Fische gefangen – noch mehr als gestern und vorgestern zusammen!"

„Ja, aber was haben wir davon?" brummte der Hirsch. „Morgen kommt Angalao und frißt sie wieder alle auf."

„Morgen werde ich die Fische bewachen", sagte die Schildkröte.

„Du?!" rief der Hirsch. „Aber das ist unmöglich. Du hast keine langen Beine wie ich und kannst nicht davonlaufen. Angalao wird dich auffressen!"

„Ja, und du kannst auch nicht auf den Baum klettern wie ich", kreischte der Affe. „Angalao wird dich gewiß auffressen!"

„Wir werden sehen", meinte die Schildkröte. „Wir werden sehen". Und sie bestand darauf, am nächsten Tag die Fische zu bewachen.

So fuhren am nächsten Morgen der Hirsch und der Affe hinaus aufs Meer, um neue Fische zu fangen, und die Schildkröte blieb allein am Strand zurück. Sowie die beiden Freunde fort waren, begann sie *Rotang* zu sammeln, und als sie genügend davon beisammen hatte, begann sie den Rotang zu spalten und Stricke daraus zu knüpfen. Nach einer Zeit erschien Angalao und brüllte wieder voller Zorn: „Unglaublich, diese Frechheit! Schon wieder ein Fischedieb!! Wo bist du, daß ich dich freß'?! Aber die Schildkröte ließ sich davon nicht beirren, sie fuhr in ihrer Arbeit fort. Doch schließlich entdeckte Angalao sie in dem Haufen Pflanzen. „Ha, Fischedieb!" brüllte er. „Jetzt hab' ich dich, jetzt freß' ich dich!"

Die kleine Schildkröte zitterte vom kleinen Kopf bis zum kleinen Schwanz, aber sie lief nicht davon. Das war etwas ganz Neues für Angalao, denn bisher waren alle Lebewesen voller Angst und Schreck vor ihm geflohen. So brüllte er: „Du! Hast du gar keine Angst vor mir?!"

„Natürlich habe ich Angst vor dir", antwortete die Schildkröte. „Aber weißt du, wenn du mich jetzt auffrißt, dann ist alles ganz schnell vorbei – ich spüre es kaum. Wenn aber der Taifun kommt, das ist viel, viel schlimmer …"

„Der Taifun? Was soll das sein?"

„Der Taifun ist ein gewaltiger Wirbelsturm. Er kommt von jenseits des Meeres, und er wirbelt die Wellen auf so hoch wie Berge. Er entwurzelt die Bäume und schleudert die größten Felsen durch die Luft. Nichts ist sicher vor ihm. Siehst du die Wolken dort hinten über dem Meer? Das ist er. Bald wird er hier sein."

„Bah!" rief Angalao und klopfte sich auf die Brust. „Ich bin stark, ich hab' keine Angst vor dem Taifun!"

„Ts, ts, ts … Das sagst du jetzt so",

erwiderte die Schildkröte. „Doch wenn der Taifun kommt, dann packt er dich und wirbelt dich von einem Ende der Insel bis zum anderen!"

„Aber wenn du das weißt, warum läufst du dann nicht davon vor dem Taifun?"

„Ich kann nicht so schnell laufen", sagte die Schildkröte. „Meine Beine sind zu kurz. Deshalb habe ich mir etwas ausgedacht. Siehst du den großen Teakbaum da? Der ist so alt und stark, daß kein Sturm ihm mehr etwas anhaben kann. Es müßte mich nur jemand mit den Stricken hier am Baum festbinden, dann wäre ich sicher vor dem Taifun. Wenn du jetzt schon da bist, könntest du das für mich tun? Bitte!"

„Warte", antwortete Angalao und kratzte sich den Kopf. „Ist das wirklich so, wie du sagst, daß der Taifun die Wellen aufwirbelt, die Felsen durch die Luft schleudert und mich, Angalao, von einem Ende der Insel bis zum anderen?"

„Ja gewiß!" rief die Schildkröte. „Und es ist keine Zeit zu verlieren, die Wolken kommen immer näher. Bitte binde mich rasch an den Baum!"

„Warte", antwortete Angalao. „Ich habe einen Gedanken. Nicht ich werde dich festbinden, sondern du wirst mich festbinden. Dann kann mir beim Taifun nichts geschehen."

„Nein!" rief die Schildkröte entrüstet. „Das ist nicht gerecht. Nur weil du so groß und stark bist und ich so klein und schwach, soll ich sterben, und du darfst leben? Nein, das mache ich nicht!"

„Aber du hast doch deinen Panzer. Damit kannst du dich gegen den Taifun schützen", beschwichtigte sie Angalao.

„Nein!" rief die Schildkröte, und die Tränen traten ihr in die Augen. „Wenn der Taifun kommt, dann wirbelt er mich durch die Luft, und es bleibt nichts von mir übrig als ein Haufen Sandkörner!"

„Du!" brüllte Angalao voller Zorn. „Wenn du mich nicht sofort an diesen Baum bindest, dann wirble ich dich durch die Luft, so daß überhaupt nichts von dir übrig bleibt!" Und er bestand darauf, daß sie ihn festbinde. Da band sie ihn schließlich fest. Und sie band ihn gut fest, so gut, daß er sich überhaupt nicht mehr bewegen konnte. Nicht einmal den kleinen Finger konnte er rühren.

Als am Abend die Freunde zurückkamen, der Hirsch und der Affe, da sahen sie alle Fische am Strand liegen und Angalao am Baum festgebunden. Sie machten Augen so groß wie Kokosnüsse.

„Wie hast du das bloß geschafft?" fragte der Hirsch.

„Oh", meinte die Schildkröte, „mit ein bißchen Grütze ..."

Als sie nachher an ihrem Feuer saßen und einige Fische brieten, wurde der Affe ganz aufgeregt. „Freunde", kreischte er, „was machen wir jetzt mit ihm da am Baum? Was machen wir mit ihm?!"

„Freunde", antwortete der Hirsch voller Würde, „wir wollen uns an ihm rächen für alle Missetaten, die er uns angetan, und für alle anderen, die er aufgefressen hat!" Und der Hirsch erhob sich, warf seinen Kopf zurück und dann wieder vor, lief auf Angalao zu und durchbohrte ihn mit seinem Geweih.

„Das war der Taifun!" rief die Schildkröte.

WIE DIE GEIGE
ZU DEN MENSCHEN KAM

Vor langer Zeit lebte in einem kleinen Dorf ein armes Ehepaar. Sie wünschten sich sehnlichst ein Kind, aber ihr Wunsch ging lange Zeit nicht in Erfüllung. Eines Tages ging die Frau in den Wald, um Holz zu sammeln. Da begegnete ihr eine alte Frau, die ihr ganz unbekannt war, weder im Dorf noch in der Umgebung hatte sie diese Alte je gesehen. Sie grüßte die alte Frau, und diese erwiderte den Gruß und musterte sie dabei eindringlich. Dann sprach sie: „Du hast einen großen Wunsch, nicht wahr?"

„Ja", antwortete die Frau erstaunt. „Woher wißt Ihr das?"

„Ich weiß noch mehr", erwiderte die Alte. „Ich will dir sagen, was du tun mußt, damit ihr ein Kind bekommt. Geh nach Hause, nimm einen großen Kürbis, teile ihn und höhle ihn aus. Fülle ihn mit Milch und trinke diese, bevor du dich schlafen legst. Dann wirst du in neun Monaten einen gesunden Jungen zur Welt bringen, der in seinem Leben glücklich und reich werden wird."

Die arme Frau bedankte sich und lief nach Hause, so rasch sie konnte. Sie tat genau, wie ihr die Alte geraten, höhlte einen großen Kürbis aus, füllte ihn mit Milch und trank diese vor dem Zubettgehen. Und tatsächlich wurde sie schwanger und brachte nach neun Monaten einen gesunden Jungen zur Welt.

Das Glück des Paares war groß, aber die Mutter konnte sich nicht lange an ihrem Sohn erfreuen. Kurze Zeit nach der Geburt starb sie, und der Vater zog den Jungen allein groß, so gut er es vermochte.

Der Junge wuchs heran. Als er zwanzig Jahre alt war, starb auch sein Vater. „Was soll ich noch in diesem Dorfe hier, nachdem Mutter und Vater gestorben sind?" dachte er. „Ich will in die Welt hinausziehen und sehen, wo ich mein Glück finde!"

So verließ er das kleine Dorf und zog lange Zeit durch Wiesen und Wälder, über Berge und Täler, durch ferne Städte und Länder. Eines Tages erreichte er eine Stadt, über die ein König herrschte, der eine zauberhaft schöne Tochter hatte. Der König hatte seine Tochter demjenigen zur Frau versprochen, der ihm etwas bringen konnte, das es auf der Welt noch nicht gab. Wem dies aber nicht glückte, der sollte getötet werden. Schon viele schöne und kluge junge Männer hatten dabei ihr Leben verloren.

Eines Tages ging der junge Mann durch die Stadt. Die goldene Kutsche der

Königstochter fuhr gerade vorbei, und er erblickte ihr Gesicht, sah ihr Lächeln und das Leuchten ihrer Augen. Von diesem Augenblick an hatte er Tag und Nacht ihr Bild vor Augen. Er konnte an nichts anderes mehr denken. So machte er sich schließlich auf den Weg zum König.

„Sagt mir, was es auf der Welt noch nicht gibt und ich Euch bringen soll", bat er. „Was es auch sein mag, ich will es herbeischaffen, denn ich habe Eure Tochter gesehen und will sie zur Frau gewinnen!"

„Oh du Tölpel!" rief der König erbost. „Das sollst du ja gerade selber herausfinden! Für deine dumme Frage lasse ich dich in den finstersten Kerker werfen, dort sollst du verschmachten. Vielleicht fällt dir dabei etwas Neues ein", fügte er mit höhnischem Lachen hinzu.

Die Wachen schleppten den jungen Mann in ein finsteres, feuchtes Loch. Da lag er nun und dachte an die schöne Königstochter, die er wohl nie mehr in seinem Leben wiedersehen würde. Seine Augen füllten sich mit Tränen bei diesen Gedanken.

Als er aber so dalag und weinte, da wurde es plötzlich hell in seinem Kerker.

Eine lichte Frauengestalt erschien. Sie sprach: „Ich bin die *Matuya*, die Königin der Feen. Ich bin gekommen, um dir zu helfen." Aus ihrem weiten Gewand holte sie ein hölzernes Kästchen mit einem Loch in der Mitte und einen hölzernen Stab hervor. Sie reichte beides dem Jüngling und sprach: „Nun reiße mir einige meiner langen Haare aus und spanne sie über das Loch des Kästchens und über den Stab." Der junge Mann war erstaunt, doch folgte er ihrer Aufforderung. „Nun fahre mit dem Stab über das Kästchen, so daß die Haare auf dem Stab und dem Kästchen einander berühren", fuhr sie fort. Er tat auch das, und es kamen einige Töne aus dem Kästchen hervor – es war allerdings ein schauerliches Gequietsche.

„Gib mir das Kästchen noch einmal", sprach die Matuya, „es fehlt noch etwas." Sie nahm es und lachte in das Loch ihr silberhelles Lachen hinein, und dann begann sie zu weinen und ließ ihre Tränen in das Loch des Kästchens fallen. „Nun versuche es noch einmal", sagte sie zu dem jungen Mann und reichte ihm das Kästchen wieder.

Als er jetzt mit dem Stab über das Kästchen fuhr, da kamen Töne und Melodien daraus hervor. Es klang zauberhaft schön, so fröhlich wie das silberhelle Lachen der Matuya und dann wieder so traurig wie ihr Weinen. Sie lehrte ihn nun, auf dem Instrument zu spielen, so daß er ihm nach Belieben lustige oder traurige Weisen entlocken konnte. „Nun hast du etwas, das die Menschen noch nicht kennen", sprach sie zu dem jungen Mann. „Gehe damit

zum König, und dein Wunsch wird dir erfüllt werden." Sie segnete ihn zum Abschied und verschwand.

Er aber lief zur Tür seines Kerkers und hämmerte so lange dagegen, bis ihm geöffnet wurde. Er ließ sich zum König führen. „Du?!" rief der König erzürnt, als er ihn erkannte. „Was hast du noch hier zu suchen?!" Der junge Mann erwiderte kein Wort. Er holte sein Instrument hervor und begann darauf zu spielen. Ein lustiges Tanzlied erklang durch den Saal, fröhlich wie das silberhelle Lachen der

Matuya, so lustig, daß es allen in den Beinen zuckte. Ob sie wollten oder nicht, sie mußten alle dazu tanzen, die Minister, die Prinzessin, die Königin und auch der König wirbelten durch den Saal. Nach einer Zeit aber wechselte der junge Mann die Melodie. Ganz traurig klang es jetzt, wie das Weinen der Matuya. Alle im Saal blieben stehen, ließen die Köpfe hängen und begannen zu weinen. Selbst dem König rollten dicke Tränen über die Backen. Schließlich beendete der junge Mann sein Spiel. Da trat der König auf ihn zu und sprach: „Du hast uns tatsächlich etwas gebracht, das es bisher auf der Welt noch nicht gab. Du sollst meine Tochter zur Frau bekommen." Und die Prinzessin nickte und lächelte, denn der junge Mann und sein Spiel hatten auch ihr gut gefallen.

So feierten die beiden Hochzeit und lebten glücklich miteinander. Und so kam die Geige zu den Menschen. Und noch heute kann man daraus das silberhelle Lachen und das Weinen der Matuya hören. Es muß freilich der richtige darauf spielen, und man muß auch gut zuhören ...

DIE FÜNF GEISTER

An einem Nachmittag ging der *Samurai* Joschinari durch die Wiesen und die Felder, und wäre nicht seine aufrechte Haltung gewesen und seine beiden Schwerter, das lange und das kurze, so hätte man in ihm nur schwerlich einen Samurai erkannt. Denn seine Kleider und Stiefel waren zerfetzt, Haare und Bart verwildert, und er selber schrecklich abgemagert, mit eingefallenen Wangen und hohlen Augen. Dieser erbärmliche Zustand kam daher, daß sein Herr, ein mächtiger Fürst, einen Krieg gegen einen noch mächtigeren Fürsten verloren hatte. Viele Samurais hatten bei diesem Krieg ihr Leben gelassen, und die wenigen Überlebenden mußten nun durch die Welt ziehen und sehen, wo sie etwas zu essen bekamen und ein Dach über dem Kopf für die Nacht. So auch Joschinari. Die Sonne neigte sich schon zum Untergehen, als er in einiger Entfernung ein kleines Dorf erblickte. ,Etwas Besseres werde ich heute kaum mehr finden', dachte er und lenkte seine Schritte dorthin. Doch als er das Dorf erreichte, war es seltsamerweise wie ausgestorben. Kein Mensch, kein Tier, kein Lebewesen war zu sehen, alle Fensterläden verschlossen, alle Türen verriegelt. Trotzdem ging der Samurai zum ersten Haus und klopfte an die Tür.

Niemand öffnete. So ging er zum nächsten Haus und versuchte es dort – mit dem gleichen Erfolg. Aber er gab nicht auf, ging von Haus zu Haus und klopfte überall. Und schließlich wurde ihm bei einem Haus ein Fensterladen ein Spalt-

breit geöffnet, und eine sehr ängstliche Stimme fragte: „Wer ist da?"

„Joschinari Samurai", antwortete er. „Ich hätte gerne ein Dach über dem Kopf für die Nacht und, wenn es geht, etwas zu essen."

„Hier im Dorf könnt Ihr nicht bleiben", hörte er die ängstliche Stimme wieder. „Geht draußen vor dem Dorf in den alten verfallenen Tempel, dort könnt Ihr die Nacht verbringen!" Und der Fensterladen wurde wieder geschlossen.

Der Samurai wunderte sich. Wovor hatten die Menschen im Dorf solche Angst? Vor ihm? Das konnte er sich nur schwer vorstellen, er war so heruntergekommen. Er wußte es nicht, und so blieb ihm schließlich nichts anderes übrig, als dem Rat zu folgen und den alten verfallenen Tempel aufzusuchen.

Er hatte das Dorf schon beinahe verlassen, da kam ihm vom Waldrand her ein alter Mann entgegen, der auf dem Rücken eine Last Holz trug. Als er den Samurai erreichte, lud er das Holz ab und fragte: „Wohin geht Ihr?"

„Ich gehe in den alten verfallenen Tempel draußen vor dem Dorf, denn hier im Dorf wollte mich niemand aufnehmen für die Nacht", antwortete Joschinari.

„Hm", meinte der alte Mann. „Ich an Eurer Stelle ginge nicht in diesen Tempel. In diesem Tempel hat es noch kein Mensch eine Nacht lang ausgehalten. Es sind Geister dort. Vielleicht haben Euch die Menschen des Dorfes auch deshalb dorthin geschickt, damit Ihr Euch mit den Geistern herumschlagt. Ich habe ja selber nicht viel, nur eine kleine Hütte, aber für eine Nacht kann sie uns beide aufneh-

men. Wenn Ihr wollt, seid mein Gast!"
Der Samurai war wütend, daß ihn die
Dorfbewohner so hinterrücks in diesen
von Geistern heimgesuchten Tempel geschickt hatten, und er war nahe daran, die
Einladung des alten Mannes anzunehmen.
Doch dann überlegte er es sich und
antwortete: „Nein, jetzt werde ich erst
recht in diesen Tempel gehen! Denn
wenn ich jetzt mit Euch käme, könnte
man hier im Dorf ja meinen, daß ich, ein
Samurai, mich vor den Geistern fürchte.
Das kommt überhaupt nicht in Frage."
„Bitte", meinte der Alte, „wie Ihr wollt. Ich
hab' Euch gewarnt – viel Vergnügen mit
den Geistern." Und er nahm sein Holz
wieder auf und setzte seinen Heimweg
fort. Der Samurai aber schlug den Weg zu
dem alten verfallenen Tempel ein.

Dieser Weg war schon lange Zeit nicht
mehr betreten worden. Das Gras wuchs
ihm bis zur Hüfte. Und als er den Tempel
erreichte, sah er, wie verfallen der war. Er
hatte kein Dach mehr. Einige hölzerne
Stufen führten zu einer Art Veranda
empor. Als der Samurai diese Stufen
betrat, krachten sie unter seinen Füßen,
und als er das Geländer anfaßte, hatte er
ein Stück Holz in der Hand – es war alles
morsch. Der Tempel hatte auch keine Tür
mehr, nur einen Vorhang – aus Spinnweben.
Innen bestand er aus einem Vor-
raum und dem eigentlichen Tempelraum.
Beide Räume waren mit Strohmatten
ausgelegt, die mit einer dicken Staub-
schicht bedeckt waren. Bis auf einen
großen hölzernen Schrein im Tempelraum, ebenfalls mit einer dicken Staub-
schicht bedeckt, war der Tempel leer.
Der Samurai suchte sich einen möglichst
windgeschützten Winkel im Tempelvorraum. Er legte seine beiden Schwerter
griffbereit vor sich hin, obwohl er ahnte,
daß sie ihm gegen die Geister nicht viel
nützen würden. ‚Ich muß jetzt wach
bleiben', dachte er, ‚denn wenn die
Geister erscheinen, muß ich bei klarem
Verstand sein.' Doch er war müde, erschöpft nach all den Wanderungen der
vergangenen Tage, und obwohl er mit
großer Mühe gegen den Schlaf an-
kämpfte, fielen ihm schließlich doch die
Augenlider zu, und er sank in tiefen
Schlaf.
Er erwachte erst mitten in der Nacht
durch ein lautes Pochen an der nördli-
chen Tempelmauer. Da ging drinnen im
Tempelraum ein Licht an, und eine
Stimme ertönte: „Hier ist der Lange,
Zerfranste, der unschuldig Eingekerker-
te. Wer ist da?"
Und von draußen antwortete es: „Hier ist

der Schimmernde, Gebogene, im Dik-
kicht Verlorene. Darf ich dich besuchen?"

„Du bist willkommen", tönte es wieder
von drinnen, und irgendwie betrat dieser
seltsame Besucher nun den Tempel. Es
war aber nicht festzustellen, wie, der
Samurai sah und hörte nichts. Das Licht
im Tempelraum erlosch jetzt wieder.
‚Das habe ich gewiß geträumt', dachte
der Samurai – doch da pochte es schon
wieder, an der südlichen Tempelmauer
diesmal. Wieder ging drinnen das Licht
an, und die Stimme ertönte: „Hier ist der
Lange, Zerfranste, der unschuldig Eingekerkerte. Wer ist da?"

„Hier ist der Dünne, Zahnlose, am Baum
Aufgehängte", antwortete von draußen
eine näselnde Stimme. „Darf ich dich
besuchen?"

„Du bist willkommen", kam von drinnen
die Antwort. Und auch dieser seltsame
Besucher betrat nun irgendwie den Tempel, ohne daß der Samurai sehen oder
hören konnte, wie das geschah. Er wußte
jetzt aber, daß er nicht träumte, er war im
Gegenteil hellwach und wartete, was da
weiter kommen würde.

Nicht lange, da klopfte es an der östli-
chen Tempelmauer. Wieder ging drinnen
im Tempelraum das Licht an, und die
Stimme, die er nun schon kannte, fragte:
„Hier ist der Lange, Zerfranste, der
unschuldig Eingekerkerte. Wer ist da?"

„Hier ist der Kahle, Schnappende, nur
halb Begrabene. Darf ich dich besuchen?"
kam die Antwort von draußen.

„Du bist willkommen", erwiderte der
drinnen, und auch dieser dritte Besucher
betrat nun den Tempel. Doch ehe drinnen das Licht wieder erlosch, pochte es

ganz gewaltig an der westlichen Tempelmauer, und eine mächtige Stimme
dröhnte: „Hier ist der Bauchige, Unersättliche, im Teich Ertrunkene, ich
komm' dich besuchen!" Auch dieser
Besucher betrat nun irgendwie den Tempel. Das Licht im Tempelraum erlosch
nun nicht mehr, es wurde im Gegenteil
heller, und es war dem Samurai, als höre
er leises Gespräch, mitunter von Lachen
begleitet, leises Geklirr von Besteck und
Geschirr – es klang ganz so, als wäre eine
Gesellschaft von Freunden beim Abendessen versammelt.

Nach einer Zeit vernahm er eine der
Stimmen lauter und deutlicher – unzweifelhaft die Stimme des Gastgebers.
„Freunde", hörte der Samurai, „ich habe
eine Überraschung für euch: Wir sind
heute Nacht nicht allein hier im Tempel.
Dort draußen im Tempelvorraum schläft
der Samurai Joschinari, und wir werden
ihn …" Der Rest war dann wieder so
leise gemurmelt, daß der Samurai es
nicht verstehen konnte, wie sehr er sich
auch anstrengte. Doch hörte er ganz
deutlich die Antworten der anderen. „Oh
ja, genauso wollen wir es machen!" „Das
wird wieder ein Spaß heute Nacht, hi, hi,
hi …" Der Schweiß trat ihm auf die Stirn,
und sein Herz pochte laut vor Furcht. Ein
weniger mutiger Mensch wäre wohl auf
der Stelle davongelaufen. Doch er war
wirklich sehr tapfer. Er stellte sich hin,
faßte sein großes Schwert fest in beide
Hände und wartete, was da kommen
würde.

Zunächst kam ein rotes, längliches Etwas
vom Tempelraum her durch die Luft
gewirbelt. Zischend kreiste es um den

Samurai und kam ihm dabei immer näher. Er hieb mit seinem Schwert auf das Ding ein, doch das schien dem überhaupt nichts auszumachen. Im Gegenteil, es war ihm, als höre er leises Kichern. Schließlich dachte er: ‚Gegen einen so heimtückischen und gefährlichen Angreifer ist es am besten, wenn ich klar und standhaft bin.' Und so rief er laut: „Halt!"

Da blieb das rote Etwas schwankend in der Luft stehen, und er hörte eine Stimme – eine Stimme, die er mittlerweile kannte: „Sage mir, wer ich bin, sonst erwürge ich dich!"

Er mußte nicht lange überlegen. „Du bist niemand anders als der Lange, Zerfranste!" antwortete er. Doch das Licht bewegte sich nicht von der Stelle, und so fügte er hinzu: „Der unschuldig Eingekerkerte." Da war das rot leuchtende Etwas plötzlich verschwunden.

Doch schon kam der nächste aus der Tür des Tempelraumes, ein längliches Etwas, fahl leuchtend. Es war ihm, als höre er Pferdegetrappel, und eine Stimme ertönte: „Sage mir, wer ich bin, sonst reiß' ich dich in Stücke!"

Auch das wußte der Samurai. „Du bist der Kahle, Schnappende", antwortete er. Und da das Licht noch nicht verschwand, fügte er hinzu: „Der halb Begrabene." Da war auch dieser verschwunden, aber schon kam der nächste. Ein blaues, kugeliges Etwas wirbelte durch den Tempelvorraum, drehte sich im Kreis, immer schneller und schneller, und wurde dabei immer größer und größer. Es füllte schon beinahe den ganzen Raum aus, der Samurai wurde an die Wand gedrängt,

und eine Stimme dröhnte: „Sage mir, wer ich bin, sonst verschlinge ich dich!"

„Du bist der Bauchige, Unersättliche", keuchte er, „der im Teich Ertrunkene." Da war auch dieser verschwunden. Aber zwei blieben noch, und der Samurai wußte nicht mehr genau, welche.

Schon kam der nächste. Ein dünnes, fahl leuchtendes Etwas schwankte durch die Luft, und eine näselnde Stimme sprach: „Sage mir, wer ich bin, sonst zermalme ich dich!" ‚Zermalmen?' dachte der Samurai. ‚Dann hast du wohl keine Zähne mehr.' Und so antwortete er laut: „Du bist der Dünne, Zahnlose." Doch das Licht verschwand nicht, und so fügte er hinzu: „Der am Baum Aufgehängte." Da war auch dieser verschwunden, doch einer blieb noch, und der Samurai wußte beim besten Willen nicht mehr, welcher. Da kam es auch schon, ein längliches, gekrümmtes Etwas, in vielen Farben leuchtend, und eine boshafte Stimme sprach: „Sage mir, wer ich bin, sonst kitzle ich dich zu Tode!"

„Warte einen Augenblick!" rief Joschinari. „Du bist der, der zuerst kam. Laß mir ein wenig Zeit, dann fällt es mir bestimmt wieder ein!" Doch das Etwas ließ ihm keine Zeit. Es kitzelte ihn in den Ellenbeugen, den Kniekehlen, unter den Achseln, an der Nasenspitze und den Fußsohlen. Der Samurai schrie und lief davon, aber das leuchtende Etwas holte ihn immer wieder ein. Der Schweiß trat ihm auf die Stirn, er keuchte, geriet in höchste Not, da fiel es ihm endlich ein. „Du, du bist der Schimmernde, Gebogene", rief er, „der im Dickicht Verlorene!" Da war auch dieser verschwunden. Doch das Licht im Tempelraum drinnen brannte immer noch, und so wagte es der Samurai nicht, schlafen zu gehen. Erst als draußen der Morgen graute und vom Dorf her der erste Hahnenschrei herübertönte, erst da erlosch das Licht im Tempelraum, und dann erst legte sich Joschinari hin und schlief bis weit in den Vormittag hinein.

Als er erwachte, stand die Sonne schon hoch am Himmel. Er trat auf die Veranda hinaus und sah in einiger Entfernung vom Tempel alle Menschen des Dorfes versammelt. Sie blickten neugierig und ängstlich zum Tempel hinüber. Da rief er ihnen zu: „Ihr tapferen Leute! Ihr habt mich in diesen von Geistern heimgesuchten Tempel geschickt. Nun, ich habe mich mit den Geistern hier gut unterhalten. Wißt ihr denn überhaupt, wer sie sind? Der Lange, Zerfranste, der unschuldig Eingekerkerte. Der Schimmernde, Gebogene, im Dickicht Verlorene. Der Dünne, Zahnlose, am Baum Aufgehängte. Der Kahle, Schnappende, nur halb Begrabene und der Bauchige, Unersättliche, im Teich Ertrunkene. Es sind fünf Freunde, die jede Nacht hier zusammenkommen, weil sie an verschiedenen Orten liegen. Wir müssen sie finden und zusammenbringen, dann wird wohl auch das Geisterwesen hier sein Ende haben. Seht dort im Westen vom Tempel den Teich – dort finden wir bestimmt den im Teich Ertrunkenen!"

So gingen sie alle hin und suchten. Der Teich war weder besonders groß noch sehr tief, aber sie konnten lange Zeit nichts finden. Einige tauchten bis an den Grund – aber da war kein im Teich Ertrunkener. So begannen sie im Uferschlamm zu graben. Schließlich stieß der Samurai auf einen Krug, einen dicken, bauchigen Krug, dem der Boden heraus-

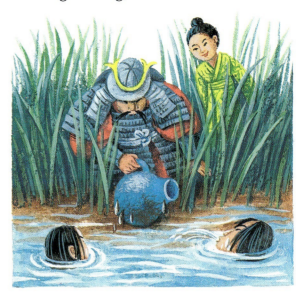

geschlagen worden war. „Der muß es sein!" rief Joschinari. „Er ist bauchig und unersättlich – man kann hineinschütten, soviel man will, es bleibt nichts drinnen. Und im Teich ertrunken ist er auch." So nahmen sie den Krug, und der Samurai zeigte nach Süden: „Dort steht der einzige Baum weit und breit. Dort finden wir bestimmt den am Baum Aufgehängten." Wieder gingen sie alle hin und suchten. Es war ein schöner, großer Baum mit vielen Ästen, Zweigen und Blättern. Aber von einem Aufgehängten war nichts zu sehen, keine Spur. Doch schließlich entdeckte ein kleines Mädchen, das noch ganz scharfe Augen hatte, am obersten der Zweige einen Kamm, dem waren alle Zähne herausgebrochen worden. „Ja!" rief Joschinari. „Der muß es sein – dünn und zahnlos und am Baum aufgehängt."

21

So schüttelten sie den Baum, bis der Kamm herunterfiel, und nahmen ihn mit. Der Samurai aber wies nach Osten, wo ein einzelner Stein aus der Erde ragte, der ganz so aussah wie ein Grabstein.

Diesmal mußten sie nicht lange suchen, denn hinter dem Stein entdeckten sie das Skelett eines Pferdeschädels, der halb aus der Erde ragte. „Der muß es sein", meinte Joschinari. „Kahl – kahler geht es nicht mehr, Zähne zum Schnappen hat er noch und halb begraben ist er auch." So taten sie den Pferdeschädel zu dem Krug und dem Kamm und gingen weiter nach Norden, wo einige dichte Büsche standen.

Hier mußten sie wieder länger suchen, und alles, was sie fanden, war eine Hahnenfeder. „Die könnte es sein", sagte Joschinari. „Sie schimmert in vielen Farben, ist gebogen und offensichtlich von ihrem Besitzer hier verloren." So nahmen sie die Hahnenfeder zu den übrigen Gegenständen, und nun fehlte nur noch der Lange, Zerfranste. Der aber mußte im Tempel selber sein.

Doch der Tempel war leer, bis auf den hölzernen Schrein, und der war nicht lang und zerfranst. Aber vielleicht im Schrein drinnen? Mit seinem kurzen Schwert brach der Samurai das Schloß des Schreines auf. Der Schrein war leer. Doch als er nochmals genauer nachschaute, entdeckte er im hintersten Winkel ein abgerissenes Schuhband. „Na ja", meinte er, „länger als breit ist es ja und zerfranst auch. Und es ist auch unschuldig eingekerkert, denn in dem Schrein sollten sich heilige Schriftrollen befinden, aber keine Schuhbänder!"

So nahmen sie das Schuhband zu dem Krug, dem Kamm, dem Pferdeschädel und der Hahnenfeder und begruben diese fünf Gegenstände miteinander an einem Ort, nicht weit vom Tempel entfernt.

Und ob ihr es glaubt oder nicht: Seit diesem Tag ist in jenem Tempel kein einziger Geist mehr erschienen.

DER SOHN DES HÄUPTLINGS
UND DIE TOCHTER VON SONNE
UND MOND

Ein mächtiger Häuptling hatte einen Sohn. Als der zu einem stattlichen jungen Mann herangewachsen war, sprach der Vater zu ihm: „Die Zeit ist gekommen, daß du heiratest. Geh und suche dir eine Frau!" Aber der Jüngling erwiderte: „Ich will keine irdische Frau heiraten, sondern einzig und allein die Tochter von Sonne und Mond!" „Wie soll das gehen?" entgegnete sein Vater. „Die Tochter von Sonne und Mond lebt im Himmel, du aber auf der Erde. Wie wollt ihr zusammenkommen?" Aber der Jüngling blieb beharrlich bei seinem Wunsch. Er ging in seine Hütte und schrieb einen Brief an Sonne und Mond: „Ich, der Sohn eines mächtigen Häuptlings auf der Erde, begehre eure Tochter zur Frau. Bitte antwortet mir, ob euch meine Werbung willkommen ist." Dann suchte er einen Boten, um den Brief zu überbringen, denn er selber wußte nicht, wie zum Himmel zu gelangen. Er fragte zuerst die Gazelle, die am schnellsten laufen konnte. Doch die Gazelle antwortete: „Wohl kann ich am schnellsten laufen von allen Tieren hier, aber ich kann nicht fliegen. Zum Himmel kann ich nicht gelangen. Du mußt einen der Vögel fragen, die sich hoch in die Lüfte erheben!" Da ging der Jüngling zum Habicht und fragte ihn. Aber der Habicht erwiderte: „Ich bin zu klein, um so weit hinauf zu fliegen. Du mußt einen größeren Vogel fragen!" So ging der Jüngling zum Geier und fragte ihn. Aber der Geier antwortete: „Ich kann

wohl hoch hinauf fliegen, bis zur halben Höhe des Himmels. Aber ganz hinauf vermag selbst ich nicht zu gelangen." Da wußte der Jüngling sich keinen Rat mehr. Er ging in seine Hütte und wartete ab.

Nach einigen Tagen klopfte es eines Abends am Eingang seiner Hütte. „Wer ist da?" fragte er. „Mainu, der Frosch", kam die Antwort von draußen. „Ich will etwas mit dir besprechen." Da ließ der Häuptlingssohn den Frosch herein. „Was möchtest du von mir?" fragte er. „Ich habe gehört, daß du einen Boten suchst, um einen Brief zum Himmel zu bringen", antwortete der Frosch. „Ich könnte das für dich besorgen." „Du?!" rief der Häuptlingssohn. „Du willst mich wohl verspotten in meiner Not. Pack dich, scher dich weg!"

Aber der Frosch ließ sich nicht abweisen. „Versuch es doch mit mir", schlug er vor. „Du wirst sehen, daß ich deinen Brief überbringen kann." Da gab ihm der Häuptlingssohn den Brief. „Aber ich warne dich", sprach er dabei. „Wenn du einen Scherz mit mir treibst, wird es dir übel ergehn!" Der Frosch nahm den Brief in sein großes Maul und ging davon.

Er begab sich zu einer Quelle, die etwas außerhalb des Dorfes lag. Dorthin kamen allnächtlich die Dienerinnen von Sonne und Mond, um Wasser zu holen. Mit ihren großen Krügen stiegen sie hinab, an dem Faden, den die Spinne gewoben, und füllten unten ihre Krüge. Dann stiegen sie wieder hinauf zum Himmel. Davon wußte der Frosch, und so verbarg er sich, als es Abend wurde, im Wasser der Quelle und wartete auf die Dienerinnen von Sonne und Mond. Als diese schließlich kamen und ihre Krüge in die Quelle tauchten, schlüpfte der Frosch unbemerkt in einen der Krüge und ließ sich mit hinauf tragen.

Oben stellten die Dienerinnen die Krüge in ein dunkles, kühles Zimmer. Als sie gegangen waren, kletterte der Frosch heraus, spuckte den Brief aus und verbarg sich in einer Ecke. Nach einer Zeit kam Sonne in den Raum und sah den Brief auf dem Boden liegen. Sie rief ihre Dienerinnen. „Welche von euch hat diesen Brief von der Erde mitgebracht?" fragte sie. Aber keine der Dienerinnen wußte etwas von dem Brief. Sonne öffnete den Brief und las ihn. Sie rief Mond und zeigte ihm den Brief. „Dieser Häuptlingssohn lebt auf der Erde", sprachen sie. „Wie soll er je zu uns gelangen, um unsere Tochter zu heiraten?" So legten sie den Brief beiseite und beantworteten ihn nicht.

Der Frosch aber verbarg sich in einem der leeren Wasserkrüge und ließ sich in der nächsten Nacht unbemerkt zur Erde zurücktragen. Als die Dienerinnen seinen Krug ins Wasser tauchten, schlüpfte er hinaus und verbarg sich im Wasser der Quelle, bis sie gegangen waren. Dann begab er sich zum Häuptlingssohn.

„Nun", fragte der, „hast du meinen Brief überbracht?" „Ich habe ihn zum Himmel gebracht", antwortete der Frosch, „aber Sonne und Mond wollten ihn nicht beantworten. Sie sprachen: Wie soll dieser Erdenmensch zu uns gelangen?"

„Du lügst!" rief der Häuptlingssohn. „Gewiß hast du den Brief vernichtet und dir diese Geschichte ausgedacht!"

„Nein", erwiderte der Frosch. „Meine Worte sind wahr. Und ich rate dir, in einigen Tagen nochmals zu schreiben und um Antwort zu bitten. Dann werde ich auch diesen zweiten Brief überbringen und auch die Antwort von Sonne und Mond."

Der Häuptlingssohn bedachte die Worte des Frosches. Er wartete einige Tage ab, dann schrieb er einen zweiten Brief an Sonne und Mond: „Liebe Sonne, lieber Mond, ich habe euch geschrieben und euch um die Hand eurer Tochter gebeten. So antwortet mir jetzt bitte ‚Ja, wir wollen dich zum Schwiegersohn' oder ‚Nein, wir wollen dich nicht'!" Er übergab den Brief dem Frosch, und der ging damit zur Quelle und verbarg sich, als die Sonne unterging, im Wasser.

In der Nacht stiegen wieder die Dienerinnen von Sonne und Mond zur Erde herab, an dem Faden, den die Spinne gewoben, und schöpften Wasser aus der Quelle. Unbemerkt schlüpfte der Frosch in einen der Krüge und ließ sich zum Himmel tragen. Die Krüge wurden in das dunkle Zimmer gestellt, und als die Dienerinnen gegangen waren, spuckte der Frosch den Brief aus und verbarg sich.

Als Sonne in das Zimmer trat, erblickte sie den Brief und las ihn. Wieder fragte sie ihre Dienerinnen, aber keine wußte etwas von einem Brief. Sie rief Mond und zeigte ihm den Brief. „Dieser Häuptlingssohn verfügt über Zauberkräfte, oder er hat einen mächtigen Freund, der seine Briefe zu uns bringt", sprach sie. „Wir sollten ihm antworten." Mond stimmte zu, und so schrieben sie

einen Antwortbrief: „Lieber Häuptlingssohn, deine Werbung hat uns erfreut.
Wir sind gerne bereit, dir unsere Tochter
zur Frau zu geben, wenn du uns das
Brautgeschenk überbringst und sie dir
dann selber abholst." Sie legten den Brief
auf den Boden des Zimmers. „Nun
wollen wir sehen, wie er sich verhält",
sagte Sonne. Dann verließen die beiden
das Zimmer.

Sowie sie gegangen waren, kam Mainu,
der Frosch, aus seinem Versteck hervor,
steckte sich den Brief ins Maul und
verbarg sich dann wieder in einem der
leeren Krüge. In der Nacht ließ er sich
unbemerkt zur Erde tragen, verbarg sich
im Wasser der Quelle und suchte am
nächsten Morgen den Häuptlingssohn
auf. Er spuckte den Brief aus und sprach:
„Hier hast du die Antwort von Sonne und
Mond! Und nun siehst du auch, daß ich
kein Lügner bin!"

Der Häuptlingssohn las den Brief. Er
blickte den Frosch voller Erstaunen und
Hochachtung an. „Ich habe dir Unrecht
getan", sagte er. „Bitte verzeih mir!"

„Ich habe dir schon verziehen", antwortete der Frosch. „Doch was willst du jetzt
tun?"

„Ich will zunächst erfahren, was das
Brautgeschenk sein soll", sagte der junge
Mann. So schrieb er einen dritten Brief:
„Liebe Sonne, lieber Mond, ich danke
euch für eure Antwort. Mit euren Bedin-
gungen bin ich einverstanden. Nun
schreibt mir bitte, was das Brautgeschenk
sein soll." Zu dem Brief steckte er vierzig
Goldstücke in einen Beutel, übergab
beides dem Frosch und fragte: „Kannst
du weiterhin mein Bote sein?"

„Der will ich gerne sein", antwortete der
Frosch. Er steckte den Brief und den
Beutel mit den Goldstücken ins Maul
und begab sich zur Quelle. In der Nacht
ließ er sich wieder von den Dienerinnen
von Sonne und Mond zum Himmel
tragen, an dem Faden, den die Spinne
gewoben. Als die Dienerinnen das dunkle Zimmer verlassen hatten, spuckte er
Beutel und Brief aus und verbarg sich
wieder.

Kurz danach betraten Sonne und Mond
das Zimmer. Sie waren neugierig, ob wieder ein Brief da wäre. Sie lasen den Brief,
nahmen das Geschenk und sprachen:
„Wir wollen dem Boten etwas zu essen
hinstellen!" Sie brachten ein gebratenes
Huhn und schrieben einen Antwortbrief:
„Lieber Schwiegersohn, wir danken dir für
deinen Brief und dein Geschenk. Die
Brautgabe soll ein großer Sack voller Gold
sein." Sie legten den Brief zu den Speisen
und verließen dann das Zimmer.

Sowie sie gegangen, kam Mainu, der
Frosch, aus seinem Versteck hervor. Er
aß das gebratene Huhn ganz auf, steckte
den Brief ins Maul und verbarg sich
wieder in einem der leeren Krüge. In der
nächsten Nacht ließ er sich wieder zur
Erde tragen, und am folgenden Morgen

brachte er den Brief zum Häuptlingssohn. Der las den Brief, und dann machte er sich auf, um die Brautgabe zu beschaffen. Er besuchte all seine Verwandten, Onkeln und Tanten, Vettern und Basen, Brüder und Schwestern, und alle gaben ihm etwas. Nach einigen Tagen hatte er einen großen Sack Gold beisammen. Er wartete bis zum Abend, dann rief er Mainu, den Frosch, und fragte: „Kannst du diesen Sack zum Himmel bringen?" „Ich denke schon", antwortete der Frosch. Der Häuptlingssohn schrieb noch einen Brief dazu: „Liebe Schwiegereltern, hier ist das Brautgeschenk. Bald werde ich meine Braut holen kommen." Der Frosch steckte den Brief und den Sack voller Gold in sein großes Maul und begab sich zur Quelle. In der Nacht schlüpfte er wieder unbemerkt in einen der Wasserkrüge und ließ sich von den Dienerinnen von Sonne und Mond zum Himmel tragen, an dem Faden, den die Spinne gewoben. Sowie die Dienerinnen das dunkle Zimmer verlassen hatten, spuckte er den Brief und den Sack voller Gold aus und verbarg sich wieder.

Kurz danach betraten Sonne und Mond den Raum. Sie fanden den Brief und das Gold. „Nun ist alles gut", sagten sie. Sie ließen dem geheimnisvollen Boten ein gebratenes Ferkel und gerösteten Mais bringen, und sowie der Frosch wieder allein im Zimmer war, kam er aus seinem Versteck hervor und aß alles auf. Dann verbarg er sich wieder in einem der Krüge und ließ sich in der nächsten Nacht zur Erde zurückbringen.

Der Sohn des Häuptlings aber grübelte und sann darüber nach, wie er seine Braut zur Erde holen sollte. ‚Ich brauche einen Brautführer', dachte er. ‚Aber wer könnte das für mich tun?'

Eines Abends klopfte es wieder am Eingang seiner Hütte. „Wer ist da?" fragte er. „Mainu, der Frosch", kam die Antwort von draußen. „Komm herein!" rief der junge Mann. „Weshalb hast du deine Braut noch nicht geholt?" fragte der Frosch, als er in der Hütte war. „Sie erwartet dich." „Verspotte mich nicht!" erwiderte der Häuptlingssohn voller Zorn. „Wie soll ich sie denn holen? Ich kann doch nicht zum Himmel gelangen! Ich brauche einen Brautführer." „Ich könnte das für dich tun", meinte der Frosch. „Du?!" rief der junge Mann ungläubig. „Es ist ja wahr, die Briefe hast du überbracht. Aber die Braut zu mir zu bringen, das kann dir nicht gelingen." „Warte nur ab und laß es mich versuchen", meinte der Frosch. Da stimmte der Häuptlingssohn zu.

Der Frosch begab sich wieder zur Quelle und ließ sich von den Dienerinnen von Sonne und Mond in einem der Wasserkrüge zum Himmel tragen. Er verbarg sich in dem dunklen Zimmer und wartete, bis alle eingeschlafen waren. Dann schlich er zur Kammer der Tochter von Sonne und Mond, trat an ihr Bett, nahm ihr behutsam ein Auge heraus, dann das andere und wickelte sie in ein Tuch. Danach verbarg er sich wieder in dem dunklen Zimmer.

Als die Tochter von Sonne und Mond am nächsten Morgen erwachte, konnte sie ihre Augen nicht aufbekommen. Sie waren fest verschlossen, obwohl sie sie am Vorabend noch hatte öffnen können.

Kein Mittel half, und so schickten die besorgten Eltern schließlich zwei Diener zum Wahrsager, damit er ihnen eröffne, was der Tochter fehle.

Als die Diener zu dem zauberkundigen Mann kamen, sagten sie nichts weiter als: „Wahrsage uns!" Sie sagten ihm nicht, weshalb sie kamen und wer sie schickte. Der Wahrsager nahm seine Zauberwürfel, die Muscheln und Knöchelchen, und betrachtete sie. Dann sprach er: „Ihr kommt nicht aus eigenem Antrieb, sondern seid geschickt worden. Ihr kommt wegen der Krankheit einer jungen Frau. Ihre Krankheit ist an den Augen. Ich habe gesprochen."

„Du hast wahr gesprochen", sagten die Diener. „Nun eröffne uns, was geschehen muß, damit die junge Frau geheilt werde." Der Wahrsager blickte wieder in seine Würfel, dann antwortete er: „Die junge Frau ist einem Manne versprochen, aber sie wurde noch nicht zu ihm gebracht. Die Krankheit kommt von ihrem Bräutigam, der über das lange Warten erzürnt ist. Er spricht: ‚Wenn ihr die Braut zu mir führt, wird sie geheilt. Zögert ihr aber noch länger, so muß sie sterben.' Ich habe gesprochen." Die Diener bedankten sich bei dem Wahrsager und kehrten zu Sonne und Mond zurück. Als Sonne und Mond den Spruch des Wahrsagers vernahmen, sagten sie: „Dieser Häuptlingssohn ist ein mächtiger Zauberer. Wir müssen unsere Tochter zu ihm führen, ehe es zu spät ist." Es war Abend. Sie gingen zur Spinne und baten sie, ein großes Netz zu weben, das vom Himmel bis zur Erde reichte. Dann gingen sie schlafen. Der Frosch aber hatte alle ihre Worte gehört. Er ließ sich in der Nacht wie üblich zur Erde tragen und begab sich am Morgen zum Häuptlingssohn. „Heute Abend bringe ich dir deine Braut", sagte er.

„Ich kann es kaum glauben", antwortete der junge Mann. „Aber ich will alles vorbereiten, sie zu empfangen."

Die Spinne hatte die ganze Nacht und den ganzen Tag gewoben. Am Abend war das Netz endlich fertig, und nun geleiteten die Dienerinnen von Sonne und Mond die Braut zur Erde hinab. Unten an der Quelle ließen sie die Tochter von Sonne und Mond allein und kehrten zum Himmel zurück. Sowie sie gegangen waren, kam der Frosch aus der Quelle hervor. Sorgfältig setzte er der jungen Frau ihre Augen wieder ein. Da konnte sie die Augen wieder öffnen und klar sehen. „Nun will ich dich zu deinem Bräutigam führen", sagte der Frosch.

Es war schon spät am Abend, als sie die Hütte des Häuptlingssohnes erreichten. Sie klopften am Eingang. „Wer ist da?" fragte der junge Mann. „Hier ist Mainu, der Frosch. Ich bringe dir deine Braut", kam die Antwort von draußen. Da sprang der junge Mann vor die Hütte und erblickte die Tochter von Sonne und Mond in ihrer strahlenden Schönheit. Sie schauten sich in die Augen. Sie gefielen einander. So feierten sie Hochzeit und lebten glücklich und vergnügt mitsammen.

Das alles aber hatten sie Mainu, dem Frosch, zu verdanken, denn er war das einzige Lebewesen, dem es gelungen war, von der Erde zum Himmel und wieder zurück zu gelangen.

CATHERINE KNACK-DIE-NUSS

Auf einer Insel regierten einst ein König und eine Königin. Sie hatten zwei Töchter: Der König hatte eine Tochter, die hieß Anne, und die Königin hatte eine Tochter, die hieß Catherine. Aber die Tochter des Königs war viel schöner als die Tochter der Königin, und das ärgerte die Königin sehr. Oft sann sie darüber nach, wie sie Annes Schönheit verderben könnte. Die beiden Mädchen indessen liebten einander wie wirkliche Schwestern, und sie halfen einander, wo sie nur konnten.

Eines Tages beriet sich die Königin mit ihrer Hühnerfrau. Die war eine Zauberin, und die Königin fragte sie: „Weißt du ein Mittel, Anne um ihre Schönheit zu bringen?" Die Hühnerfrau überlegte eine Weile, dann antwortete sie: „Schickt mir das Mädchen morgen früh in meine Hütte. Aber es muß mit leerem Magen kommen, es darf noch keinen Bissen zu sich genommen haben!"

Früh am nächsten Morgen weckte die Königin Anne und sagte: „Zieh dich an und hole uns ein paar Eier von der Hühnerfrau!" Anne zog sich an und machte sich auf den Weg. Als sie durch die Schloßküche kam, sah sie auf dem Tisch eine Brotrinde liegen. Ihr Magen knurrte, und so nahm sie das harte Brot und aß es unterwegs auf. Sie erreichte die Hütte der Hühnerfrau und trat ein. Über dem Feuer erblickte sie einen großen Kessel mit einem Deckel darauf. „Heb den Deckel hoch und schau in den Kessel", befahl ihr die Hühnerfrau. Anne tat, wie ihr geheißen, doch es geschah nichts. „Richte deiner Mutter aus, sie soll besser auf ihre Küche aufpassen", sagte die Hühnerfrau und schickte das Mädchen wieder heim.

Als die Königin diese Worte hörte, begriff sie, daß Anne unterwegs etwas gegessen hatte. So begleitete sie am nächsten Morgen das Mädchen bis zum Schloßtor und schickte es dann wieder zur Hühnerfrau. Der Weg führte durchs Dorf. Die Bäuerinnen waren gerade dabei, Erbsen zu pflücken, und weil Anne sie so freundlich grüßte, gaben sie ihr ein paar davon mit, und die aß sie unterwegs. Als sie zur Hühnerfrau kam, ließ die sie wieder den Deckel vom Kessel heben und hineinschauen, aber es geschah wiederum nichts. „Richte deiner Mutter aus, das Essen kann nicht kochen, wenn kein Feuer im Herd ist", sagte die Hühnerfrau ärgerlich und schickte das Mädchen wieder heim.

Als die Königin diese Worte vernahm, begriff sie, daß Anne auch an diesem Morgen etwas gegessen hatte. So begleitete sie am dritten Morgen das Mädchen bis zur Hütte der Hühnerfrau. Als sie eintraten, sagte die Zauberin wieder: „Heb den Deckel vom Kessel und schau hinein!" Und als Anne das tat, da fiel ihr schöner Kopf in den Kessel, und ein

Schafskopf sprang heraus und setzte sich auf ihren Hals.

Nun war die Königin zufrieden. Doch als Catherine ihre Schwester erblickte, da rief sie: „Was habt ihr mit Anne gemacht?! Wer hat sie so entstellt? Nun müssen wir euch verlassen und durch die Welt ziehen, um Heilung für sie zu suchen!" Sie band Anne ein Tuch um den Kopf, damit man den Schafskopf nicht so sah, und ließ dann ein Schiff ausrüsten. Das bestieg sie zusammen mit Anne, und dann verließen die beiden Mädchen die Insel und fuhren allein hinaus aufs Meer.

Nach einer Zeit erreichten sie eine andere Insel. Nicht weit vom Ufer stand ein Königsschloß, dort baten sie um Arbeit. Und da gerade ein Küchenmädchen und eine Gänsemagd gesucht wurden, kam Catherine in die Küche, und Anne mußte die Gänse hüten.

Der König, dem dieses Schloß gehörte, hatte zwei Söhne. Der eine der Prinzen war gesund und kräftig, der andere aber lag krank in seinem Bett und rührte sich den ganzen Tag lang nicht. Wer immer aber versucht hatte, eine Nacht bei ihm zu wachen, der war am Morgen verschwunden und wurde nicht wieder gesehen. Deshalb bot der König denjenigen, die es wagen wollten, eine Nacht bei dem Prinzen zu wachen, einen Scheffel voller Silber zur Belohnung.

Als Catherine das hörte, ging sie zum König und bot ihm an, eine Nacht bei dem kranken Prinzen zu wachen. Am Abend wurde sie in das Gemach des Prinzen geführt. Er lag schlafend in seinem Bett und rührte sich nicht. Cathe-

rine setzte sich an den Kamin. Bis Mitternacht ereignete sich nichts. Doch als es zwölf geschlagen, da erhob der Prinz sich plötzlich, kleidete sich rasch an und verließ das Zimmer. Catherine folgte ihm. Der Prinz lief die Treppe hinunter in den Stall, sattelte sein Pferd und saß auf. Catherine schwang sich rasch hinter ihm aufs Pferd, und schon ritten sie los. Sie galoppierten durch den nächtlichen Wald. An den Bäumen längs des Weges hingen die reifen Haselnüsse, und im Vorbeireiten pflückte Catherine einige davon.

Nach einer Zeit lichtete sich der Wald, und vor ihnen erhob sich ein grüner Hügel, der im Mondschein leuchtete. Am Fuße des Hügels hielt der Prinz sein Pferd an und sprach:

„Oh grüner Hügel, Hügel so grün,
Öffne dich weit und laß in dich ziehn
Für eine Nacht völlig unbeschwert
Den leidenden Prinzen und sein Pferd!"

Und Catherine fügte rasch hinzu:

„Und auch die tapfere Catherine."

Da öffnete sich der Hügel vor ihnen, und sie ritten hinein.

Sie gelangten in eine weite, hohe Halle. Ein rauschendes Fest war im Gang, Musik erklang, und Catherine erblickte viele Feen, zauberhaft schöne Frauen und Männer, die wild und ausgelassen tanzten. Der Prinz sprang vom Pferd, lief in die Mitte der Halle und tanzte mit den Feen, die sich über sein Kommen freuten. Catherine aber verbarg sich in einem Winkel und schaute zu.

Der Prinz tanzte und tanzte, bis er vor

Erschöpfung zu Boden fiel. Dann gaben ihm die Feen einen stärkenden Trank, so daß er wieder aufstehn und weitertanzen konnte. Und er tanzte und tanzte mit ihnen, ohne einhalten zu können. Als aber draußen der Morgen graute und der erste Hahnenschrei ertönte, da lief er plötzlich zu seinem Pferd und sprang auf. Catherine konnte sich gerade noch hinter ihm in den Sattel schwingen, da galoppierten sie schon davon. Sie ritten schneller als der Wind und erreichten bald das Schloß. Der Prinz stellte sein Pferd in den Stall, dann lief er hinauf in sein Gemach, zog sich aus und legte sich ins Bett. Da lag er nun wieder regungslos in tiefem Schlaf. Catherine aber setzte sich an den Kamin, schürte das Feuer, legte Holz nach, und als es lustig prasselte und sie behaglich wärmte, begann sie die Haselnüsse zu knacken, die sie in der Nacht gepflückt. So fanden sie die Leute vom Schloß, als sie bei Sonnenaufgang das Zimmer betraten.

Der König war sehr froh, daß Catherine nicht verschwunden war. Er gab ihr die versprochene Belohnung und fragte dann: „Was hat sich denn in der Nacht ereignet?"

„Der Prinz hat eine gute Nacht verbracht", antwortete Catherine ausweichend. „Aber wenn ich noch eine Nacht bei ihm wachen soll, dann müßte ich dafür einen Scheffel voller Gold bekommen." Der König war bereit, ihr auch diese Belohnung zu versprechen, und so ging Catherine am Abend wieder in das Gemach des Prinzen.

Diese zweite Nacht verlief nicht anders als die erste. Der Prinz schlief wieder regungslos bis Mitternacht. Dann sprang er auf, kleidete sich an und lief in den Stall, und Catherine folgte ihm. Sie galoppierten wieder zu dem grünen Hügel, und während sie durch den Wald ritten, pflückte Catherine reife Haselnüsse von den Bäumen. Im Hügel lief der Prinz sogleich wieder zu den Feen und tanzte mit ihnen, Catherine aber verbarg sich. Sie wußte, daß der Prinz wieder die ganze Nacht tanzen und tanzen würde, bis zum Umfallen. ‚Es wäre ziemlich zwecklos, ihn dabei zu beobachten', dachte Catherine und schaute, was es in der Halle sonst noch zu sehen gab. Da erblickte sie in ihrer Nähe ein kleines Feenkind, das gerade seine ersten Schrittchen versuchte. In einer Hand trug es einen Zweig mit Blättern von einem Baum, den Catherine nicht kannte. Bei dem Kind standen zwei Feen, und die eine sagte zur anderen: „Weißt du, was das für ein Zweig ist? Er stammt von einem Zauberbaum. Wenn jemand einen Tierkopf angezaubert bekommen hat und mit diesem Zweig berührt wird, dann erhält er sogleich wieder den eigenen Kopf zurück." ‚Oh', dachte Catherine, ‚mit diesem Zweig könnte ich also Anne von ihrem Schafskopf erlösen!' Die beiden Feen entfernten sich ein wenig. Catherine aber holte einige Haselnüsse aus ihrem Gewand und rollte sie vorsichtig zu dem Feenkind hin, bis dieses nach den Nüssen griff und den Zauberzweig fallen ließ. Behutsam zog Catherine den Zweig zu sich heran und verbarg ihn in ihrem Gewand. Als draußen der Morgen graute, ritt sie wieder mit dem Prinzen heim, und als bei Sonnenaufgang der

König kam, um nach dem Prinzen zu sehen, fand er Catherine wiederum am Kamin sitzend. Sie knackte fröhlich Haselnüsse, der Prinz aber lag wie immer regungslos in seinem Bett.

Der König ließ Catherine die versprochene Belohnung bringen. „Wärest du bereit, noch eine dritte Nacht bei meinem Sohn zu wachen?" fragte er sie dann.

„Ich wäre dazu bereit", antwortete Catherine, „aber nur, wenn ich dafür den Prinzen zum Mann bekäme!" Der König war auch damit einverstanden. Catherine aber ging an diesem Tag zunächst zu ihrer Schwester Anne und berührte sie mit dem Zauberzweig. Sogleich fiel der Schafskopf von Anne ab, und sie trug wieder ihren eigenen Kopf mit ihrem schönen Gesicht. Da umarmten sich die beiden Schwestern voller Freude.

Am Abend ging Catherine wieder in das Gemach des Prinzen. Auch in dieser Nacht ging es nicht anders als in den beiden vorherigen. Bis Mitternacht schlief der Prinz, dann sprang er auf und ritt zum grünen Hügel, und Catherine mit ihm. Unterwegs pflückte sie wieder reife Haselnüsse von den Bäumen. Drinnen im Hügel begann der Prinz sogleich wieder zu tanzen, Catherine aber schaute sich um. Sie erblickte wieder das Feenkind, diesmal spielte es mit einem kleinen blauen Vogel. Die beiden Feen standen bei ihm, und die eine sagte zur anderen: „Wenn der Prinz drei Bissen von diesem Vögelchen zu essen bekäme, dann wäre er von seiner Krankheit geheilt." Nun wollte Catherine dieses Vögelchen auch gewinnen. Als die beiden Feen sich ein Stück entfernten, rollte sie

dem Feenkind wieder Haselnüsse zu, bis es danach griff und das Vögelchen losließ. Catherine holte das Tier geschickt zu sich heran und verbarg es in ihrem Gewand.

Als sie an diesem Morgen heimkamen, legte sich der Prinz sogleich wieder ins Bett. Catherine aber briet das Vögelchen und würzte es schmackhaft. Schon bald erfüllte ein köstlicher Duft das Zimmer. „Oh", murmelte der Prinz im Halbschlaf. „Wenn ich nur einen Bissen von diesem Vögelchen bekäme!" Sogleich reichte ihm Catherine einen Bissen, und er aß ihn. Dann schlug er die Augen auf, blickte sie klar an, sog den Duft ein und sprach: „Wenn ich doch nur noch einen zweiten Bissen von diesem Vögelchen bekäme!" Catherine gab ihm, was er verlangte, und nun setzte er sich im Bett auf und sprach: „Einen dritten Bissen von diesem köstlichen Vögelchen müßte ich noch bekommen!" Als Catherine ihm aber den gereicht, da sprang er aus dem Bett und war gesund und kräftig. Und nun hatten die beiden einander viel zu sagen, und sie gefielen sich gut. Und als bei Sonnenaufgang der König und die Königin das Zimmer betraten, da sahen sie den Prinzen und Catherine gemeinsam am Kamin sitzen und Haselnüsse knacken.

So wurden die Vorbereitungen für die Hochzeit getroffen. Mittlerweile hatten sich aber der Bruder des Prinzen und die schöne Anne ineinander verliebt, und so gab es bald darauf eine Doppelhochzeit: Catherine heiratete den genesenen Prinzen und Anne seinen Bruder, und sie lebten glücklich und vergnügt bis ans Ende ihrer Tage.

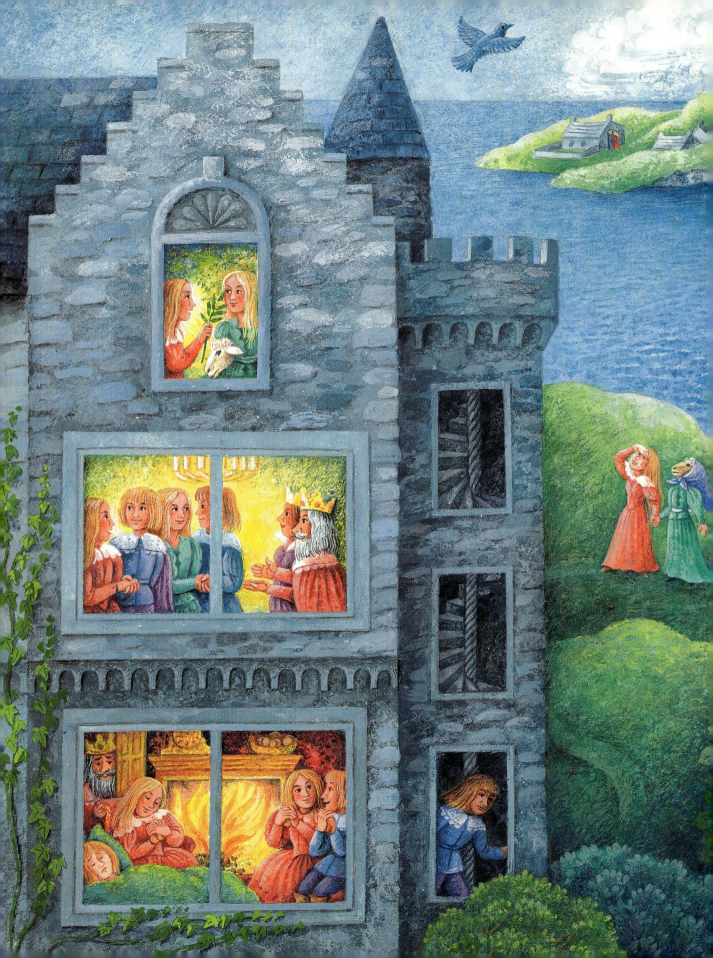

DER OBERSTERNDEUTER

In einer fernen Stadt lebte einst ein armer Mann, der hatte sein ganzes Leben lang nichts anderes getan als anderer Leute Schuhe zu flicken. Dabei verdiente er gerade so viel, daß er jeden Abend seiner Frau und seiner Tochter einen Laib Brot und ein Bund Zwiebeln heimbringen konnte. Davon lebten sie recht und schlecht in ihrem kleinen Häuschen am Rande der großen Stadt.

Eines Tages ging die Frau mit ihrer Tochter ins Bad. Sie bekamen eine Kabine zugewiesen und hatten sich gerade entkleidet, als an die Tür geklopft wurde. „Diese Kabine wird für die Frau des Obersterndeuters benötigt!" hieß es. „Hier könnt ihr nicht bleiben." Sie wurden in eine andere Kabine geführt. Dort ließen sie gerade das Wasser ein, als wiederum an die Tür geklopft wurde: „Diese Kabine brauchen wir für die Tochter des Obersterndeuters!" Die nächste Kabine war dann für die Kammerzofe der Frau des Obersterndeuters, dann eine für die Magd, und schließlich

mußte die Frau mit ihrer Tochter das Bad verlassen, ohne gebadet zu haben. Das ärgerte sie sehr.

Als ihr Mann, der Schuhflicker, an diesem Abend heimkam, erschöpft von der mühseligen Arbeit des Tages, da fand er zum erstenmal in all den Jahren seiner Ehe die Tür seines Hauses verschlossen vor. „Frau", rief er, „was soll das?! Öffne mir die Tür, ich bin müde!" Doch die Frau öffnete nur ein Fenster im oberen Stockwerk und rief: „Du kommst mir nicht mehr ins Haus, bevor du nicht Obersterndeuter geworden bist!" „Aber Frau", rief der Schuhflicker verzweifelt, „wie soll denn das geschehen? Als Sterndeuter muß man doch viele Dinge wissen, von denen ich keine Ahnung habe. Ich kann ja nicht einmal lesen und schreiben!" „Wie du es anstellst, ist deine Sache", erwiderte die Frau. „Ich weiß nur, daß ich dich nicht mehr ins Haus lasse, ehe du nicht Obersterndeuter geworden bist!"

Der Schuhflicker seufzte. Nach all den Jahren seiner Ehe kannte er seine Frau. Wenn sie sich etwas in den Kopf gesetzt hatte, dann war das nicht mehr zu ändern. So verließ er schließlich sein Haus und kehrte in seinen Laden zurück, um die Nacht dort zu verbringen. Am nächsten Morgen verkaufte er dann sein bißchen Werkzeug und vermietete den Laden an jemand anders. Von dem wenigen Geld, das er dafür erhielt, kaufte er ein großes und ein kleines Tuch, einen Gänsefederkiel und ein Tintenfaß. Das große Tuch wickelte er sich um den Leib, das kleinere als Turban um den Kopf. So nach Art der Sterndeuter gekleidet, setzte er sich mit Gänsefederkiel und Tintenfaß an eine belebte Ecke im *Basar* und wartete auf Kunden, wie eine Spinne am Rande ihres Netzes auf Beute lauert.

Er mußte nicht lange warten, da kam eine alte Frau des Weges. Sie sah nicht mehr gut, erkannte nur die Umrisse eines Sterndeuters und rief: „Oh du gütiges Geschick! Gewiß hat *Allah* meine Schritte zu dir gelenkt, und du kannst mir helfen in meiner Qual. Ich habe entsetzliche Kopfschmerzen. Ich denke, es ist von den Dämonen. Jeden letzten Mittwoch im Monat koche ich eine Suppe für sie und schütte die dann ins Meer. Doch beim letzten Mal muß irgend etwas schlecht gewesen sein, der Tag ein falscher oder die Suppe nicht gut – auf alle Fälle habe ich seither so schreckliche Kopfschmerzen. Und nun wolle doch bitte deine gütigen Hände auf meinen Kopf legen und die Dämonen verjagen!" Und während sie noch sprach, ergriff sie seine Hände und legte sie auf ihren Kopf.

Der Schuhflicker erschrak. Er hatte doch keine Ahnung von derlei Dingen. Im stillen verfluchte er seine Frau, doch dann betete er zu Allah und fuhr mit seinen Händen langsam über den Kopf der alten Frau. Und dazu murmelte er irgend etwas Unverständliches.

Solche sanften Berührungen und Bewegungen können durchaus eine wohltuende und lösende Wirkung haben. So erging es auch der alten Frau, ihre Kopfschmerzen ließen langsam nach. „Ich spüre es schon", rief sie, „daß die Berührung deiner heiligen Hände die Dämonen verjagt! Ich danke dir!" Sie küßte ihm die Hände, sprang auf und ging davon. Mit jedem Schritt wurde ihr Kopf leichter, und als sie zu Hause ankam, da waren die Kopfschmerzen verschwunden.

Sie war überzeugt, daß der Schuhflicker sie geheilt hatte. Sie lebte als Dienerin im Hause einer reichen Familie, und sie lief sogleich zu ihrer Herrin und erzählte ihr von der wundersamen Heilung. „Das ist ein neuer Sterndeuter", sagte sie, „einer, der endlich einmal etwas von seiner Kunst versteht. Anders als all die Scharlatane, die nur herumsitzen und einem das Geld aus der Tasche ziehen wollen!" Ihre junge Herrin hörte aufmerksam zu. „Vielleicht kann dieser Mann auch uns helfen", meinte sie dann. „Du weißt doch, daß mein Mann ständig schlechter Laune ist. Bringe also deinem Sterndeuter ein Hemd meines Mannes – er soll es besprechen. Gib ihm zwei Goldstücke dafür und versprich ihm noch zwei, wenn er Erfolg hat. Geh rasch, ehe er womöglich fort ist!"

Die Alte verneigte sich und ging zurück zum Basar. Als der Schuhflicker sie von weitem kommen sah, erschrak er. ‚Ihre Kopfschmerzen sind zurückgekehrt', dachte er. ‚Was mache ich jetzt?' Doch als er ihr Anliegen hörte, beruhigte er sich. Er breitete das Hemd vor sich aus und betrachtete es lange Zeit. Er hatte nicht die geringste Ahnung, wie er es besprechen sollte. Doch schließlich flehte er Allah um Hilfe an und fuhr dann mit seinen Händen kreuz und quer über das Hemd. Dazu murmelte er Unverständliches.

Sowie die Alte mit dem Hemd gegangen war, sprang er auf und lief, so schnell er konnte, zu seinem Haus. „Frau!" rief er schon von weitem. „Öffne mir die Tür!" Die Frau öffnete das Fenster im oberen Stockwerk. „Was ist?" fragte sie. „Bist du schon Obersterndeuter geworden?"

„Nein", erwiderte er, „so rasch geht das nicht. Und ich habe dir doch gesagt, daß ich von all diesen Dingen keine Ahnung habe. Aber ich habe zwei Goldstücke verdient! Stell dir vor, zwei Goldstücke! Mehr als je zuvor in meinem Leben!"

„Ob zwei oder zweitausend ist mir einerlei", antwortete sie ungerührt. „Ich habe dir gesagt, daß du nicht mehr in dieses Haus kommst, bevor du nicht Obersterndeuter geworden bist, und dabei bleibt es!" Damit schloß sie das Fenster wieder. Der Schuhflicker seufzte. Er ging zurück in die Stadt und mietete mit den zwei Goldstücken ein Zimmer. Und am nächsten Morgen setzte er sich wieder an seine Ecke im Basar.

Unterdessen war in dem reichen Hause Seltsames geschehen. Der Hausherr war mit mißmutiger Miene heimgekehrt. Er hatte gebadet, und nach dem Bad reichte

ihm seine Frau das Hemd, das der Schuhflicker besprochen hatte. Und sowie er dieses Hemd anlegte, da wich seine schlechte Laune wie eine dunkle Wolke dem hellen Licht der Sonne. Er lächelte und war von da an ein freundlicher, zärtlicher und liebevoller Ehemann. Die junge Frau war glücklich, und sie war überzeugt, daß dieser neue Sterndeuter die Wandlung bewirkt hatte. So sandte sie ihm durch die alte Dienerin die versprochene Belohnung, und sie erzählte all ihren Freundinnen – und das waren nicht wenige – von dem Wundertäter, der seit kurzem in ihrer Stadt wirkte. So kamen immer neue Menschen mit ihren Anliegen zu dem Schuhflicker, und er legte seine Hände auf kranke Füße, geschwollene Arme und schmerzende Köpfe, besprach Kleidungsstücke und Amulette und hoffte dabei immer, Allah, der Barmherzige, möge ihm dabei helfen. Und er hatte wunderbarerweise immer Erfolg, so daß sein Ruhm von Tag zu Tag wuchs. Sein eigenes Haus aber blieb ihm nach wie vor verschlossen.

Da geschah es eines Tages, daß die Tochter des *Padischah* ins Bad ging. Als sie hineinging, trug sie ein Paar kostbare Ohrringe, doch als sie wieder herauskam, da war nur noch ein Ohrring da, der zweite war verschwunden. Das ganze Bad und alle, die sich darin aufhielten, wurden abgesucht, aber vergeblich – der Ohrring blieb verschwunden. Die Ohrringe waren kostbare Familienerbstücke, und so war die Prinzessin sehr betrübt über den Verlust. Sie erzählte niemandem davon, auch nicht ihrem Vater, dem Padischah, denn sie fürchtete seinen

Zorn. Nur ihrer alten Amme, die sie von Kind auf gehegt und gepflegt, vertraute sie sich an. Da meinte die Alte: „Ich habe vernommen, daß in unserer Stadt seit einiger Zeit ein Wundertäter lebt, ein zauberkundiger Sterndeuter, dem noch keine seiner Handlungen mißlungen. Laß uns den Mann aufsuchen, vielleicht kann er auch dir helfen, das Verlorene wiederzufinden."

Tiefverschleiert machten sich die beiden Frauen auf den Weg zu dem Schuhflik-ker, der mittlerweile in einem großen Haus lebte und die Notleidenden dort empfing. Als sie mit ihm allein waren, sprach die Alte: „Wisse, daß die erhabene Prinzessin, die Tochter des Padischah, vor dir steht." Der Schuhflicker erschrak. Er warf sich mit dem Antlitz zu Boden, überlegte dabei aber blitzschnell, daß sich hier vielleicht eine Gelegenheit bot, seinem Ziel näherzukommen. Doch zugleich war es gefährlich, sehr gefährlich, sich mit der Familie des Padischah einzu-lassen. Wie leicht konnte es das Leben kosten ...

Die alte Frau riß ihn aus seinen Gedan-ken. Sie hieß ihn aufstehen und schilder-te ihm dann ihr Anliegen. Er hörte zu und verharrte lange Zeit schweigend, mit halbgeschlossenen Augen. Innerlich ver-fluchte er seine Frau, die ihn zu all dem getrieben. Wie sollte er wissen, wo sich dieser Ohrring befand?! Doch schließ-lich, um irgend etwas zu sagen, antworte-te er: „Euer Verlust dünkt mich seltsam. Ich glaube, euer Verlust befindet sich in einem Tal ... an einem Zweig." Und bei sich dachte er: ‚Nun sollen sie selber verstehen, was ich damit gemeint habe.'

Die alte Frau aber nahm seine Worte auf wie eine Offenbarung. Den ganzen Heimweg grübelte sie darüber nach – Tal ... Zweig ... Tal bedeutete Wasser ... Wasser führte zu Bad ... er mußte das Bad gemeint haben. Als sie heimkamen, war die Alte überzeugt, daß der Ohrring sich noch im Bad befand. So wurde das ganze Bad nochmals gründlichst durch-sucht, und tatsächlich: In einer Ablauf-rinne, an einem Reisigbesen fand man den Ohrring! Tal, Zweig, alles stimmte – gewiß hatte der Wundermann das alles in seiner Entrückung geschaut. Die über-glückliche Prinzessin ließ ihm eine reiche Belohnung zukommen.

Kurz danach vermißte der Padischah einen sehr wertvollen Ring. Er war sehr ärgerlich, und als seine Tochter ihn wegen seines Zornes befragte, erzählte er ihr von seinem Verlust. „Ich habe von einem Wundertäter vernommen", meinte sie darauf, „einem Sterndeuter, der seit kurzer Zeit in unserer Stadt lebt und der abhanden Gekommenes wiederzufinden vermag. Laß doch den Mann rufen, vielleicht kann er dir helfen."

So kam der Schuhflicker vor den Thron des Padischah. Angesichts des Herr-schers warf er sich zu Boden, doch der Padischah hieß ihn aufstehen und sprach: „Mir ist zu Ohren gekommen, daß du dich dessen rühmst, verlorene Gegenstände wiederzufinden. Ich ver-misse einen kostbaren Ring. Wenn es dir gelingt, ihn wiederzufinden, werde ich dich reich belohnen. Doch wenn es dir nicht glückt, so sollst du getötet werden, damit dein Mund keine Unwahrheiten mehr verbreitet!"

41

Der Schuhflicker stand da und dachte: ‚Oh meine Frau! Einmal mußte es ja so kommen! Nun ist mein Leben verwirkt.' Denn er hatte keine Ahnung, wo sich der gesuchte Ring befand. Dann aber dachte er: ‚Wenn ich nun schon sterben muß, so will ich zumindest noch einige Tage gut leben.' Und so erwiderte er: „Herr, Euer Verlust ist keine einfache Sache. Um Euren Ring wiederzufinden, benötige ich vierzig Tage Zeit. Während dieser Zeit aber muß ich in einem schönen Gemach Eures Palastes wohnen und Essen von Eurer Tafel bekommen."

Der Padischah nickte und gab seinen Dienern einen Wink. Der Schuhflicker wurde in einen prächtigen Raum geführt, wie er noch nie einen gesehen, und er bekam täglich köstliche Speisen und Getränke von der Tafel des Padischah. Er versuchte dieses Leben zu genießen, so gut er konnte. Jeden Morgen aber behielt er einen Teller vom Frühstücksgeschirr zurück, um zu wissen, wieviele von den vierzig Tagen bereits vergangen waren. Eines Tages zählte er die Teller. Es waren achtzehn. „Ach!" rief er. „Achtzehn!"

Nun verhielt es sich aber so, daß der Ring von einigen Dienern des Padischah gestohlen worden war. Die Diebe wußten nicht, was sie von diesem Sterndeuter halten sollten, der seit einiger Zeit im Palast lebte, um den Ring wiederzufinden. So beschlossen sie, daß immer einer von ihnen den Mann bewachen und an seiner Tür lauschen sollte. So hörte der, der an diesem Tag zuständig war, wie der Schuhflicker „Achtzehn!" rief. Nun waren die Diebe aber gerade achtzehn an der Zahl. Als der Mann nun gerade diese Zahl rufen hörte, fuhr ihm ein gewaltiger Schreck in den Bauch. ‚Dieser Sterndeuter kennt schon unsere Anzahl', dachte er. ‚Bald wird er auch herausfinden, wer wir sind, und dann ist es um uns geschehn!'

So lief er, so schnell er konnte, zu seinen Kumpanen und erzählte ihnen voller Aufregung, was er gehört. „Dieser Sterndeuter steht mit Allah oder dem *Sheitan* im Bunde, ich weiß es nicht. Aber ich habe deutlich gehört, wie er in der Ekstase ‚Achtzehn!' rief. Wahrlich, er kennt schon unsere Anzahl. In Kürze wird er herausfinden, wer wir sind, und dann ist es um uns geschehn. Der Padischah kennt keine Gnade, und unsere Frauen und Kinder werden als Witwen und Waisen zurückbleiben!"

Alle schwiegen betroffen. „Was können wir tun?" fragte schließlich einer der Bande. „Sollen wir ihn überfallen und unschädlich machen?" „Nein", erwiderte der erste, „dieser Mann ist ein Zauberer, und wir können überhaupt nichts gegen ihn unternehmen. Wenn wir nur eine Hand gegen ihn erheben, wird er uns in

Ameisen verwandeln oder zu Stein erstarren lassen. Nein, uns bleibt nur die Möglichkeit, uns dem Sterndeuter zu offenbaren und ihn um Gnade anzuflehen. Vielleicht ist er bereit, uns nicht zu verraten."

Diese Worte überzeugten alle, und so betraten in der folgenden Nacht, als alle anderen im Palast schliefen, die achtzehn Diebe das Gemach des Schuhflickers, der friedlich schlummernd in seinem Bett lag. Er erwachte von dem Geräusch der Männer, öffnete die Augen und erblickte ihre schemenhaften Umrisse rings um sein Bett. Er erschrak zu Tode, doch manchmal verleiht die Angst einem Menschen den Mut eines Löwen. So richtete er sich hoch auf und rief mit gewaltiger Stimme: „Ihr! Seid ihr da?!"

Bei diesen Worten warfen sich die Diebe zu Boden und verharrten regungslos und voller Furcht. Schließlich wagte es einer der achtzehn, sich ein wenig aufzurichten und den Sterndeuter anzusprechen. „Herr", sagte er demütig, „vergib uns unser Eindringen in dein Gemach. Wir sind gekommen, unser Leben in deine Hand zu legen. Wir sind es, die den Ring des Padischah gestohlen. Wir wissen, daß du schon unsere Anzahl entdeckt hast. Gewiß hättest du auch in Kürze unsere Namen herausgefunden, und wir hätten unser Leben verwirkt. Doch nun flehen wir dich an, im Namen unserer unschuldigen Frauen und Kinder, die nicht als Witwen und Waisen zurückbleiben sollen: Laß Gnade walten! Erbarme dich unser! Wir sind bereit alles zu tun, was du verlangst, nur verrate uns nicht dem Padischah! Und wir bereuen unsere

verwerfliche Tat auch und schwören dir bei Allah, nie mehr ein solches Verbrechen zu begehen!"

Als der Schuhflicker diese Worte hörte, war er ganz beruhigt. Er richtete sich noch höher auf und sprach voller Würde: „Ihr tut sehr gut daran, euch mir anzuvertrauen. Denn wahrlich, in Kürze hätte ich eure Namen und Gesichter gekannt, und ihr wäret verloren gewesen. So aber, da ihr eure Missetat bereut und schwört, nie wieder Derartiges zu tun, will ich Gnade walten lassen und euer Leben schonen. Ihr müßt nur am vierzigsten Tag den Ring einer Gans zu fressen geben und dieser dann den linken Flügel brechen, dann wird euch nichts geschehen. Aber wehe euch, wenn ihr das nicht tut! Kein einziger von euch würde mit dem Leben davonkommen!"

Die achtzehn Männer dankten dem Sterndeuter für seine Güte. Rücklings und unter vielen Demutsbezeugungen verließen sie sein Zimmer. Er aber verbrachte den Rest der Nacht und die folgenden Tage in großer Freude und genoß das Leben im Palast nunmehr in vollen Zügen.

Am Vormittag des vierzigsten Tages ließ ihn der Padischah rufen. „Nun", fragte er, „hast du den Ring gefunden?"

„Noch nicht ganz", erwiderte der Schuhflicker, „aber ich habe eine Spur. Der Ring befindet sich bei einem Lebewesen, das sich hier im Palast aufhält. So lasset doch bitte alle, die hier leben, an mir vorüberziehen, dann werde ich Euch angeben, bei wem der Ring zu finden ist."

So ließ der Padischah alle Bewohnerinnen und Bewohner des Palastes an dem

Schuhflicker vorüberziehen. Zuerst kamen die Minister, die Krieger und die Diener des Padischah. Der Schuhflicker betrachtete jeden einzelnen kurz, aber eindringlich, und schüttelte dann jeweils den Kopf. Auch bei den Dienern, die den Ring gestohlen, tat er es so.

Nun zogen alle Frauen an ihm vorüber, die tiefverschleierten Frauen des *Harem* und alle Dienerinnen. Und auch bei ihnen schüttelte der Schuhflicker jeweils den Kopf. Als er alle gesehen hatte, sprach er: „Nun müssen auch noch die Tiere, die im Palast leben, an mir vorüberziehen. Der Ring kann sich auch bei einem Tier befinden."

So wurden nun alle Tiere an ihm vorübergetrieben, die edlen Pferde, die Kamele, die Rinder, die Esel und die Schafe. Der Schuhflicker aber schüttelte bei jedem nur den Kopf. Als alle vorüber waren, fragte er: „Habt ihr keine anderen Tiere mehr hier im Palast?"

„Doch, ein Rudel Gänse ist noch da", erwiderte der Padischah, der langsam unwillig wurde.

„Die muß ich auch sehen", meinte der Schuhflicker. So wurden die Gänse an ihm vorübergetrieben. Er sah, daß eine von ihnen den linken Flügel gebrochen hatte. Sofort zeigte er auf sie und rief: „Diese ist es! In ihrem Magen befindet sich der Ring!" Der Padischah befahl, die Gans zu schlachten. Und als der Koch sie ausnahm, fand er in ihrem Magen den Ring. Der Padischah war begeistert von der seherischen Kraft dieses Sterndeuters, und so ernannte er ihn auf der Stelle zu seinem Obersterndeuter.

Der Schuhflicker bekam nun kostbare Gewänder, prunkvolle Gemächer im Palast wurden ihm zugewiesen, und der Padischah veranstaltete zu seinen Ehren ein Festmahl. Als man ihn nach all dem endlich allein ließ, lief er, so schnell er konnte, zu seinem kleinen Haus am Stadtrand. Schon von weitem rief er: „Frau! Frau, ich hab es geschafft! Ich bin Obersterndeuter!" Und nun öffnete die Frau ihm endlich wieder die Tür ihres Hauses, und er konnte sie und seine Tochter voller Freude in die Arme schließen.

Am nächsten Tag aber ging die Frau mit ihrer Tochter ins Bad. Nun waren sie die Frau und die Tochter des Obersterndeuters, und so wurden sie bedient, daß es eine Wonne war. Die besten Kabinen bekamen sie, wurden gesalbt und massiert und genossen es ausgiebig. Und die Frau war sehr zufrieden.

Als ihr Mann an diesem Abend heimkam, sprach sie: „Nun bist du lange genug Obersterndeuter gewesen. Sieh zu, daß du diesen Posten wieder loswirst." Der Schuhflicker starrte sie aus weit aufgerissenen Augen an. „Bist du wahnsinnig geworden?!" brachte er hervor. „Ich habe mein Leben aufs Spiel gesetzt, um dieses Amt zu bekommen, und nun, nach kaum zwei Tagen, soll ich es schon wieder loswerden? Wie stellst du dir das denn vor? Glaubst du denn, daß der Padischah mich so einfach entläßt?"

„Das weiß ich nicht", erwiderte sie. „Das ist deine Sache. Ich weiß nur, daß ich einmal in meinem Leben im Bad anständig behandelt werden wollte. Das habe ich nun bekommen und bin zufrieden.

Sieh also zu, daß du dein Amt wieder loswirst!"

Der Schuhflicker seufzte. Es war sinnlos, mit seiner Frau zu streiten, das wußte er. So begann er zu überlegen, wie er es anstellen sollte, um entlassen zu werden. ‚Ich hab's', dachte er schließlich. ‚Ich werde mich verrückt stellen, dann wird der Padischah gerne auf meine Dienste verzichten.'

So schlachtete er am nächsten Morgen ein Lamm, zog sich splitternackt aus und wickelte sich das blutige *Gekröse* um den Kopf und die Lenden. So angetan lief er zum Badehaus, in dem sich gerade der Padischah aufhielt. „Alle sollen sofort herauskommen!" rief er. „Das Badehaus wird einstürzen!" Da der Obersterndeuter rief, stürzten sofort alle aus dem Badehaus, der Padischah noch halbnackt, nur mit einem Badetuch um den Leib. Als alle draußen waren, stürzte das Badehaus ein!

Da fiel der Padischah seinem Obersterndeuter um den Hals. „Ich danke dir!" rief er. „Du hast mir das Leben gerettet! Ich werde dir das niemals vergessen." Der Padischah schenkte ihm zum Dank ein kleines Landhaus draußen vor der Stadt, von Entlassung aber konnte keine Rede sein.

Einige Tage später spazierte der Padischah mit seinem Obersterndeuter durch den Garten des Palastes. Plötzlich bückte sich der Herrscher, faßte ins Gras und fragte: „Was habe ich wohl in meiner Hand?"

„Ach, du armer Heuschreck!" antwortete der Schuhflicker bestürzt. „Einmal konntest du entkommen und ein zweites Mal auch, aber beim dritten ist's um dich geschehn." Und er meinte sich selber damit. Als aber der Padischah die Hand öffnete, da sprang ein Heuschreck daraus hervor. „Du", sprach er, „ich habe soviel Freude an deiner seherischen Gabe! Ich will dir einen Wunsch erfüllen. Sage mir, was dein Herz begehrt!"

„Herr", erwiderte der Schuhflicker leise, „wenn ich mir etwas wünschen darf, dann gewähre mir bitte, mein schweres Amt niederzulegen, damit ich wieder in Ruhe mit meiner Familie leben kann." Der Padischah seufzte, denn er ließ seinen Obersterndeuter nur ungern gehen. Aber er hatte es ihm versprochen, und so entließ er ihn in großen Ehren. Der Schuhflicker aber zog mit seiner Familie in sein kleines Landhaus und verbrachte den Rest seiner Tage in Ruhe und Frieden. Mit der Sterndeuterei aber hat er sich nie wieder befaßt.

DER OLIVENSEE

Am Fuße des Olivenberges lag der Olivensee. Er wurde nur von klaren Bergquellen gespeist, aber dennoch war sein Wasser stets trübe, und man konnte nicht bis auf den Grund sehen. Das Land rings um den Olivensee gehörte reichen Wucherern, die es für viel Geld an arme Bauern verpachteten. Sie verlangten dafür so viel, daß den Bauern oft nicht genug zum eigenen Leben blieb.

In einer kleinen Hütte am See lebte eine arme Witwe mit ihrem einzigen Sohn. Auch sie hatten ein kleines Stück Land gepachtet, und jeden Morgen ging der Junge aufs Feld und arbeitete dort bis zum Abend. Sein Weg führte ihn am See entlang, und dabei überlegte er oft: ‚Weshalb ist das Wasser des Olivensees so trübe, obwohl er nur von klaren Bergquellen gespeist wird? Und warum ist auch unser Leben hier so trübselig? Weshalb haben meine Mutter und ich kaum genug zu essen, obwohl ich Tag für Tag schwer arbeite? Hängt all dies vielleicht sogar zusammen?' Immer wieder grübelte er darüber nach, aber er konnte keine Antwort darauf finden, und auch in seinem Dorf konnte ihm niemand weiterhelfen.

Eines Tages aber erfuhr er, daß in den weit entfernten westlichen Bergen ein Berggeist lebte, der den Menschen ihre Fragen beantwortete. Da beschloß der Junge, diesen Berggeist aufzusuchen. Doch bevor er sich auf den Weg machte, arbeitete er eine Zeitlang noch mehr als sonst, um etwas für seine Mutter zu sparen, damit sie während seiner Abwesenheit keinen Hunger leiden müßte. Als er dachte, genügend beisammen zu haben, verabschiedete er sich von ihr und machte sich auf den Weg.

Er ging immer in die Richtung der untergehenden Sonne. Sein Weg führte zunächst am See entlang, und gegen Abend erreichte er ein kleines Häuschen am Ende des Sees. Er klopfte und bat um ein Nachtlager. Die Frau, der das Haus gehörte, nahm ihn gerne auf, und am nächsten Morgen fragte sie ihn, wohin er gehe.

„Ich will zum Berggeist der westlichen Berge", antwortete er. „Ich möchte ihn fragen, weshalb das Wasser des Olivensees immer so trübe ist, obwohl der See doch nur von klaren Bergquellen gespeist wird, und weshalb meine Mutter und ich kaum genug zum Leben haben, obwohl ich Tag für Tag schwer arbeite."

„Könntest du auch eine Frage von mir mitnehmen?" bat die Frau. „Weißt du, ich habe eine Tochter, die ist schön und liebreich, aber sie kann nicht sprechen. Vielleicht kann der Berggeist dir sagen, was geschehen muß, damit meine Tochter ihre Sprache findet."

„Ich will deine Frage mitnehmen", versprach der Junge. Er verabschiedete sich von der Frau und setzte seinen Weg fort. Der stieg nun langsam aber stetig an. Gegen Abend erreichte er ein kleines Haus, das einem alten Mann gehörte. Im Garten lag ein kleiner Zierteich, und daneben wuchs ein Orangenbaum, der ganz prächtig blühte. Der alte Mann nahm den Jungen für die Nacht auf, und als der Junge am nächsten Morgen weiterwollte, fragte er ihn: „Wohin willst du denn gehen, Junge? Weiter oben leben doch keine Menschen mehr. Du findest dort weder Arbeit noch etwas zu essen."

„Ich will zum Berggeist der westlichen Berge", antwortete der Junge. „Ich möchte ihn fragen, weshalb das Wasser des Olivensees immer so trübe ist, obwohl der See doch nur von klaren Bergquellen gespeist wird, und weshalb meine Mutter und ich kaum genug zum Leben haben, obwohl ich Tag für Tag schwer arbeite."

„Dann könntest du auch von mir eine Frage mitnehmen", meinte der alte Mann. „Weißt du, mein Orangenbaum blüht jedes Jahr ganz prächtig, aber er hat noch nie eine Frucht getragen. Vielleicht kann der Berggeist dir sagen, was geschehen muß, damit der Baum endlich Früchte trägt."

„Ich will deine Frage mitnehmen", versprach der Junge. Er verabschiedete sich von dem alten Mann und setzte seinen Weg fort. Immer höher hinauf stieg er, in Gegenden, wo es gar keine Bäume mehr

gab, nur noch Steine und einige wenige Gräser und Blumen. Am Nachmittag erreichte er einen reißenden Bergbach. Er suchte nach einer Stelle, wo er den Bach überqueren konnte, aber er fand keine. Der Bach war zu breit und zu reißend. Der Junge bemerkte, daß am Himmel dunkle Wolken aufzogen. Er suchte Schutz unter einem großen Felsen. Wenig später wurde es ganz finster, und ein schweres Gewitter brach los. Ein Blitz folgte dem anderen, das Rollen des Donners erfüllte die Luft, und der Regen prasselte vom Himmel. Zum Glück war er unter seinem Felsen gut geschützt. Nach einer Zeit ließ der Regen nach, der rollende Donner entfernte sich, der Himmel wurde lichter. Und bald danach schien die Sonne wieder. Als ihre Strahlen auf das Wasser des Bergbaches trafen, da schäumte es plötzlich und etwas Rosarotes tauchte aus der Tiefe empor. Es war eine riesige Schlange! Der Junge erschrak, doch die Schlange sprach ihn freundlich an. „Du mußt keine Angst vor mir haben", sagte sie mit sanfter Stimme. „Ich habe noch keinem Lebewesen etwas Böses getan. Im Gegenteil, ich kann dich ans andere Ufer des Baches bringen, wenn du das möchtest."

„Gerne", antwortete der Junge, „denn ich will zum Berggeist der westlichen Berge gehen und ihn fragen, weshalb das Wasser des Olivensees immer so trübe ist, obwohl der See doch nur von klaren Bergquellen gespeist wird, und weshalb meine Mutter und ich nicht genug zu essen haben, obwohl ich Tag für Tag schwer arbeite."

„Dann könntest du auch von mir eine

49

Frage mitnehmen", sagte die Schlange. „Weißt du, ich lebe nun schon tausend Jahre an diesem Ort, und ich habe noch keinem Lebewesen etwas zuleide getan. Ich habe alle, die das wollten, von einem Ufer des Baches zum anderen gebracht. Doch nun bin ich dieses Dasein hier leid. Vielleicht kann der Berggeist dir sagen, was geschehen muß, damit ich endlich von hier erlöst werde."

„Ich will deine Frage mitnehmen", versprach der Junge. Die Schlange trug ihn ans andere Ufer, dann verabschiedete er sich von ihr und setzte seinen Weg fort. Er stieg noch höher hinauf, überquerte einen hohen Paß und gelangte in ein felsiges Tal. In der Mitte des Tales erblickte er ein Schloß aus Bergkristall, das in der Sonne leuchtete. Er ging hin. Am Eingang stand ein Wächter. „Wohnt hier der Berggeist der westlichen Berge?" fragte der Junge. „Natürlich", antwortete der Wächter. „Wer sonst sollte hier wohnen? Was möchtest du hier?"

„Ich will dem Berggeist einige Fragen stellen", sagte der Junge. Daraufhin führte ihn der Wächter ins Schloß. Er gelangte in einen weiten Saal mit kristallenen Wänden. Und da kam ihm auch schon der Berggeist entgegen, in der Gestalt eines alten Mannes mit langen weißen Haaren und weißem Bart, in einem langen weißen Gewand. „Junge", sprach er mit ausgebreiteten Armen, „komm zu mir und sage mir, was dich hierherführt!"

„Ich habe vier Fragen, auf die ich Antwort suche", sagte der Junge.

„Warte", meinte der Berggeist. „Ehe du deine Fragen stellst, muß ich dir eine Regel sagen, die hier oben gilt:

Eine Frage darfst du sagen,
sind es zwei, darfst du's nicht wagen,
hast du drei, so darfst du fragen,
doch bei vier mußt du verzagen.
Ungerade sei, mein Freund, die Anzahl deiner Fragen,
denn ist die Zahl gerade, mußt du es dir versagen.

Du sagtest, du hast vier Fragen. Eine davon mußt du weglassen – überlege dir gut, welche."

Der Junge überlegte. Die eigene Frage, deretwegen er den weiten Weg unternommen, wollte er selbstverständlich stellen. Also mußte er eine der drei anderen weglassen. Doch je länger er überlegte, desto mehr begriff er, wie wichtig diese Fragen für all diejenigen waren, die sie ihm aufgetragen hatten. Es schien ihm unmöglich, eine davon wegzulassen. So entschloß er sich schließlich, die eigene Frage wegzulassen, und stellte nur die der drei anderen. Der Berggeist gab ihm Antwort. Der Junge bedankte sich, dann verabschiedete er sich und machte sich auf den Heimweg. Er überquerte den hohen Gebirgspaß und stieg zum reißenden Bergbach hinab. Dort erwartete ihn bereits die Schlange. „Nun", fragte sie, „was hat der Berggeist gesagt? Wie kann ich von hier erlöst werden?"

„Der Berggeist hat gesagt, um erlöst zu werden, müßtest du noch zwei gute Taten vollbringen", antwortete der Junge. „Welche?" fragte die Schlange begierig. „Sage sie mir!"

„Die erste wäre, mich wieder ans andere Ufer zu bringen", sagte der Junge. Das tat die Schlange sogleich und fragte dann: „Und die zweite?"

„Du müßtest die Perle abwerfen, die du zwischen deinen Augen trägst und die bei Nacht strahlt."

„Das kann ich nicht allein", sagte die Schlange. „Bitte hilf mir dabei."

So faßte der Junge die Perle und zog daran, und die Schlange zog in die andere Richtung. Sie mußten sich gewaltig anstrengen, bis die Perle schließlich abfiel. Und in diesem Augenblick verwandelte sich die Schlange: Es wuchsen ihr Schuppen und Flügel, sie wurde zu einem mächtigen geflügelten Drachen, erhob sich in die Luft und flog davon. Ehe sie die Wolkendecke durchstieß, wandte sie sich nochmals zu dem Jungen um und rief: „Die Perle darfst du behalten, zum Dank!" Dann verschwand sie zwischen den Wolken.

Der Junge nahm die Perle, die nun, da es Nacht wurde, ganz herrlich leuchtete, und setzte seinen Weg fort.

Nach einer Zeit erreichte er das Haus des alten Mannes mit dem Orangenbaum. Auch der Alte erwartete ihn bereits. „Nun", fragte er, „was hat der Berggeist gesprochen? Was muß geschehen, damit der Baum endlich Früchte trägt?"

„Der Berggeist hat gesagt, daß du zunächst das Wasser aus deinem Zierteich ablassen mußt", antwortete der Junge. „Wenn du dann im Schlamm unter dem Teich gräbst, so wirst du neun große Tonkrüge voller Gold- und Silbermünzen finden. Die mußt du heraufbefördern. Dann wird aus der Tiefe der Erde eine klare Quelle sprudeln und den Zierteich aufs neue füllen. Mit ihrem Wasser sollst du deinen Orangenbaum gießen, dann wird er Früchte tragen."

Der alte Mann machte sich sogleich an die Arbeit, und sein Sohn, der bei ihm lebte, half ihm dabei. Der Junge merkte bald, daß diese Arbeit für zwei zu schwer war, und so half er ihnen dabei. Sie arbeiteten den ganzen Tag, gruben im Schlamm und schleppten die schweren Tonkrüge herauf. Als endlich der neunte oben war, da sprudelte aus der Tiefe der Erde eine klare Quelle und füllte den Zierteich aufs neue. Und als der alte Mann nun seinen Orangenbaum mit diesem klaren Wasser goß, da war es wie ein Wunder: Im Nu fielen die Blüten ab, und der Baum stand voller reifer Früchte! Der alte Mann dankte dem Berggeist für seinen Rat, und er dankte dem Jungen, der der Bote gewesen. „Nimm dir von den Gold- und Silbermünzen soviel, wie du nur tragen kannst!" rief er. Da füllte der Junge seine Taschen mit Münzen, bedankte und verabschiedete sich und setzte seinen Heimweg fort.

Als er das Haus am Ende des Olivensees erreichte, erwartete ihn die Frau bereits. „Nun", fragte sie, „was hat der Berggeist gesagt? Was muß geschehen, damit meine Tochter ihre Sprache findet?"

„Der Berggeist hat gesagt, daß deine Tochter sprechen wird, sobald sie den Mann erblickt, der für sie bestimmt ist", antwortete der Junge. In diesem Augenblick ging eine Tür auf und ein junges Mädchen schaute herein. „Mutter", fragte sie, „wer ist das?"

„Aber Kind", rief die Mutter, „du sprichst ja!!" Und sie dankte dem Berggeist, der ihrer Tochter nicht nur die Sprache, sondern auch noch einen Mann geschenkt hatte. Die beiden jungen Leute schauten sich an, und sie gefielen einander gut. So feierten sie Hochzeit und blieben noch einige Tage im Hause ihrer Mutter.

Dann aber wollte der Junge endlich zu seiner Mutter heimkehren. So machte er sich mit seiner jungen Frau auf den Weg. Doch als sie abends die Hütte der Mutter erreichten, da fanden sie die alte Frau erblindet vor. Denn der Junge war viel länger fortgeblieben, als er gedacht, und seine Mutter hatte aus Kummer und Sorge soviel geweint, daß ihre Augen erblindet waren. So konnte sie seine schöne junge Frau, ihre Schwiegertoch-ter, gar nicht sehen, nur ihre helle Stimme hören. Und auch das viele Gold und Silber, das ihr Junge heimbrachte, und die wunderbare Perle, die nun, da es Nacht wurde, wieder herrlich leuchtete, konnte sie nicht sehen, nur betasten.

Der Junge hielt seiner Mutter die strahlende Perle vor die Augen, aber das half nichts. „Ach, wenn du doch nur wieder sehen könntest!" rief er verzweifelt. Doch sowie er diesen Wunsch ausgesprochen, da war es, als fiele ein Schleier von ihren Augen. „Nun sehe ich wieder!" rief sie. „Dich und die Perle und deine schöne junge Frau und das viele Gold und Silber!" Da umarmten sich die drei voller Freude. Der Junge aber fragte sich: ‚Sollte diese Perle etwa Wünsche erfüllen?' Er wollte es gleich versuchen, und so sprach er: „Wenn doch nur all die reichen Wucherer von hier verschwunden wären!"

Und tatsächlich, die Perle erfüllte auch diesen Wunsch. Sowie er ihn ausgesprochen, waren die reichen Wucherer aus der Gegend verschwunden. Und seltsam, sowie sie fort waren, wurde das Wasser des Olivensees von Tag zu Tag klarer, bis es schließlich so klar war, daß man bis auf den Grund sehen konnte. Das Leben der Menschen am Olivensee aber wurde von nun an süß, so süß wie Honig.

GEVATTER NAUM

In einem fernen Land regierte einst ein Zar, der war nicht verheiratet, aber er hatte zwölf Jäger. An sechs Tagen in der Woche jagten die Jäger für den Zaren, und was immer sie an diesen Tagen erlegten, gehörte ihm. Am siebenten Tag aber durften sie für sich selber jagen.

Der jüngste der zwölf, der zugleich auch der geschickteste war, hieß Andrej. An den sechs Tagen, da er für den Zaren unterwegs war, entging kein Tier, das er nur von Ferne erblickte, seinen Pfeilen. Am siebenten Tag aber erblickte er niemals auch nur ein einziges Tier, und so kehrte er abends hungrig zu seiner kleinen Hütte im Wald zurück.

Eines solchen Abends, nachdem er wieder einen Tag erfolglos durch den Wald gestreift war, erblickte Andrej auf einem Ast nahe dem Weg eine weiße Taube, die da im Schein der Abendsonne saß. ‚Nun ja', dachte er, ‚viel ist es ja nicht, aber zumindest eine Kleinigkeit zum Abendessen.' Er legte an und schoß. Sein Pfeil traf die Taube im linken Flügel, und sie fiel zu Boden. Doch als Andrej hinzutrat, um sie vollends zu töten, sprach sie ihn mit menschlicher Stimme an. „Töte mich nicht, Andrej", sagte sie. „Nimm mich vielmehr mit heim zu dir, setze mich aufs Fensterbrett und stoße mich dann mit der linken Hand herunter. Du wirst sehen, was dann geschieht, und du kannst dann immer noch entscheiden, ob du mich töten willst oder nicht."

Andrej war erstaunt, fand aber, daß die Taube durchaus recht hatte. So trug er sie behutsam nach Hause, setzte sie dort aufs Fensterbrett und stieß sie mit der linken Hand herunter. Als aber die Taube den Boden berührte, da verwandelte sie sich in eine zauberhaft schöne junge

Frau. Die sprach: „Ich bin die schöne Jelena. Durch deine Hilfe habe ich mich von der Tauben- in die Menschengestalt verwandelt. So will ich bei dir bleiben als deine Frau, wenn du das möchtest." Das war keine Frage mehr – natürlich wollte Andrej. Und so blieb die schöne Jelena bei ihm und wurde seine Frau.

Nach ein paar Tagen fragte sie Andrej: „Wie kommt es, daß wir in solcher Armut leben? Du bist doch ein geschickter und mutiger junger Mann." Da erzählte er ihr, weshalb er so arm war – wenn er für sich selber jagen durfte, hatte er noch kein einziges Tier erlegt. „Höre", sprach die schöne Jelena. „Geh zu deinen Freunden und borge dir hundert Rubel aus. Damit kaufe auf dem Markt Seide in den verschiedensten Farben und bringe sie mir." Andrej ging zu seinen Freunden. Der eine borgte ihm sieben Rubel, ein anderer zwei, ein dritter vier und so fort, bis er hundert Rubel beisammen hatte.

Damit kaufte er Seide in den verschiedensten Farben und brachte sie abends der schönen Jelena.

Nachdem Andrej eingeschlafen war, holte die schöne Jelena aus ihrem Gewand ein schön gesticktes Tuch hervor, breitete es auf dem Boden der Hütte aus und öffnete die Tür. Nach kurzer Zeit kam eine große Kröte hereingekrochen. Sie setzte sich auf das schöne Tuch, schaute Jelena an und fragte: „Was befiehlst du, schöne Jelena?"

„Ich möchte aus dieser Seide hier einen Teppich anfertigen, wie er bei meinen Eltern daheim an der Wand hängt. Bitte hilf mir dabei!" antwortete die schöne Jelena.

„Das will ich gerne tun", erwiderte die Kröte. Und die beiden setzten sich und begannen aus der Seide einen Teppich zu weben, auf dem das ganze Zarenreich abgebildet war, jede Stadt, jedes Dorf, jedes Haus sogar, jeder Wald und jede Wiese, jeder Berg und jeder Fluß und ringsherum Sonne, Mond und Sterne in ihrem Lauf. Gegen Morgen war der Teppich fertig. Die schöne Jelena bedankte sich, und die große Kröte kroch davon.

Als Andrej aufstand, zeigte Jelena ihm den Teppich und sprach: „Nun geh auf den Markt und verkaufe diesen Teppich. Du darfst aber keinen Preis dafür verlangen. Nimm das, was dir zuerst dafür geboten wird." Andrej nahm den Teppich und ging auf den Markt. Als er den Teppich dort ausbreitete, kamen die Händler in Scharen herbei und bestaunten das Kunstwerk. Etwas Derartiges hatten sie noch nie gesehen. „Der ist mindestens tausend Rubel wert!" rief der eine. „Was tausend", unterbrach ihn ein zweiter, „mindestens zweitausend, wenn nicht mehr!" „Fünftausend!" rief ein dritter dazwischen, und so stritten sie lange Zeit, ohne sich auf einen Preis einigen zu können. Und es wurden ihrer immer mehr, die um den Teppich standen, staunten und feilschten.

Zu dieser Stunde fuhr der oberste Minister des Zaren in seiner prunkvollen Kutsche über den Marktplatz. Als er die Schar der Händler sah, ließ er anhalten um zu sehen, worum sie stritten. Die Händler machten ihm Platz, und er erblickte den wunderbaren Teppich. „Hier hast du zehntausend Rubel dafür", sagte er zu Andrej. Der verneigte sich und nahm das Geld, und der Minister ließ den Teppich auf seine Kutsche aufladen und fuhr weiter zum Palast des Zaren.

„Nun, mein lieber Minister, was hast du heute Neues gesehen oder gehört?" empfing ihn der Zar.

„Ich habe einen Teppich erstanden", erwiderte der Minister, „auf dem ist Euer ganzes Reich abgebildet, jede Stadt, jedes Dorf, jedes Haus sogar, jeder Wald und jede Wiese, jeder Berg und jeder Fluß und ringsherum Sonne, Mond und Sterne in ihrem Lauf."

„Hm", meinte der Zar, „eigentlich sollte dieser Teppich ja mir gehören. Wieviel hast du denn dafür bezahlt?"

„Zehntausend Rubel", antwortete der Minister.

„Gut", sprach der Zar. „Hier hast du fünfundzwanzigtausend, und wir reden nicht mehr davon."

Der Minister nahm das Geld und dachte:

‚Morgen gehe ich zur Frau des Jägers Andrej und lasse mir von ihr einen anderen Teppich anfertigen.' Und am nächsten Tag ging er in den Wald und klopfte an die Tür der kleinen Hütte. Die schöne Jelena öffnete ihm. Doch als er sie erblickte, riß der Minister die Augen und den Mund auf und brachte kein Wort mehr hervor. Einen Fuß hatte er schon über die Schwelle gesetzt, der andere war noch draußen. So stand er da, unfähig sich zu bewegen oder etwas zu sagen. Und da er so stumm und regungslos dastand, schob ihn die schöne Jelena schließlich zur Hütte hinaus und schloß die Tür wieder.

Von dieser Stunde an war es um die Ruhe des Ministers geschehen. Tag und Nacht konnte er an nichts anderes mehr denken als an die schöne Frau des Jägers Andrej. Er wollte sie für sich haben, doch wie sollte er das anstellen? Er wußte es nicht, und über diesen Gedanken wurde er ganz trübsinnig. Nach einigen Tagen bemerkte es sogar der Zar. „Was ist denn los mit dir, mein Lieber?" fragte er. „Seit ein paar Tagen schleichst du umher, als wäre dir etwas Schreckliches geschehen."

„Ach", antwortete der Minister. „Wenn Eure Augen gesehen hätten, was meine gesehen haben, dann wäret Ihr Eures Lebens auch nicht mehr froh."

„Was hast du denn gesehen?" wollte der Zar wissen.

„Fragt besser nicht", erwiderte der Minister seufzend. Aber damit machte er den Zaren erst recht neugierig. Der gab keine Ruhe, bis ihn der Minister zu dem Häuschen im Wald führte und ihn an der Tür klopfen hieß. Die schöne Jelena öffnete, und als der Zar sie erblickte, riß er Augen und Mund auf und brachte kein Wort mehr hervor. Den einen Fuß hatte er schon über die Schwelle gesetzt, der andere war noch draußen. Stumm und regungslos stand er da, und so schob ihn die schöne Jelena schließlich wieder hinaus und schloß die Tür hinter ihm. Von dieser Stunde an war es auch um die Ruhe des Zaren geschehen, Tag und Nacht dachte er an die schöne Frau des Jägers Andrej. Er wollte, er mußte sie für sich haben. Der Jäger Andrej mußte verschwinden. „Du hast mir diese Sache eingebrockt", sagte er zu seinem Minister. „Nun schaffe mir auch Abhilfe. Denke dir etwas aus, einen schweren Auftrag für den Jäger Andrej, so schwer, daß er davon nicht wiederkehrt."

„Ja Herr", antwortete der Minister und verließ den Palast. Er ging durch die Straßen der Stadt, doch sein Kopf war leer. Er kam aufs freie Feld und schließlich in den Wald. Ziellos streifte er durch den Wald und gelangte schließlich zu einer Lichtung. Er erblickte ein Häuschen auf Hühnerfüßen, das sich im Kreise drehte. Als er nähertrat, blieb es mit dem Eingang zu ihm stehen, und er trat ein. Drinnen saß die *Baba Jaga*, ein uraltes Weib. Sie blickte ihn forschend an und fragte: „Was suchst du hier bei mir im Wald?"

„Was geht das dich an?!" erwiderte er barsch. „Helfen kannst du mir auch nicht."

„So?" meinte sie spöttisch. „Du suchst doch eine Aufgabe für den Jäger Andrej, so schwer, daß er davon nicht zurückkehrt."

„Das stimmt", antwortete der Minister erstaunt. „Woher weißt du das?"

„Oh", meinte die Baba Jaga, „ich weiß noch viel mehr. Ich weiß zum Beispiel, daß der Jäger Andrej ein einfacher, dummer Kerl ist, der von vielen Dingen keine Ahnung hat. Seine Frau aber, die ist mächtig und weise. Wir müssen also eine Aufgabe finden, die sie nicht erfüllen kann." Die Baba Jaga überlegte ein Weilchen, dann fuhr sie fort. „Sagt ihm doch, er solle von der kupfernen Insel weit draußen im Meer das Schaf mit dem goldenen Vlies holen. Es steht dort an einer silbernen Säule festgebunden. Wenn es blökt, muß im Umkreis von hundert *Werst* jeder lachen. Diese Aufgabe werden sie nicht lösen können."

Der Minister hatte noch nie etwas von dieser kupfernen Insel gehört, geschweige denn von dem Schaf mit dem goldenen Vlies. So fand er den Vorschlag vortrefflich. Er bedankte sich bei der Baba Jaga und machte sich vergnügt auf den Rückweg zum Palast.

Dem Zaren war dieses Schaf ebensowenig bekannt, und so fand auch er den Vorschlag gut. Er ließ den Jäger Andrej rufen und sprach: „Mein lieber Andrej! Du hast mir schon manchen wertvollen Dienst erwiesen, und so habe ich heute eine ganz besondere Aufgabe für dich. Du wirst zur kupfernen Insel fahren, die weit draußen im Meer liegt, und mir von dort das Schaf mit dem goldenen Vlies bringen. Es ist an einer silbernen Säule festgebunden, und wenn es blökt, muß im Umkreis von hundert Werst jeder lachen. Für diesen Dienst werde ich dich mit tausend Rubel belohnen. Aber wage

es ja nicht, ohne dieses Schaf wieder vor mir zu erscheinen!"

Andrej verbeugte sich und ging bestürzt davon. Er hatte keine Ahnung, wo sich diese kupferne Insel befand. ‚Ich werde viele Jahre unterwegs sein und vielleicht nie wieder nach Hause zu meiner Frau zurückkehren', dachte er betrübt. So kam er ganz niedergeschlagen heim, und die schöne Jelena fragte ihn: „Was ist denn los mit dir?" Da erzählte er ihr vom Auftrag des Zaren und von seinen Sorgen.

„Ach Andrej!" lachte da die schöne Jelena. „Das ist doch keine schwere Aufgabe, sondern eine Kleinigkeit, deretwegen du dir keine Sorgen machen mußt. Schau, jetzt ist es spät und Zeit schlafen zu gehen. Der Morgen ist weiser als der Abend. Morgen werden wir weitersehen."

Und Andrej vertraute seiner Frau und ging schlafen. Sowie er eingeschlafen war, holte sie ihr fein gesticktes Tuch hervor, breitete es auf dem Boden der Hütte aus und öffnete die Tür. Nach kurzer Zeit kam die große Kröte hereingekrochen, setzte sich auf das schöne Tuch und fragte: „Was befiehlst du, schöne Jelena?"

„Mein Mann, der Jäger Andrej, soll für den Zaren das Schaf mit dem goldenen Vlies von der kupfernen Insel holen. Es steht dort an einer silbernen Säule festgebunden. Wenn es blökt, muß im Umkreis von hundert Werst jeder lachen. Kannst du ihm dabei helfen?"

„Wegen einer solchen Kleinigkeit störst du mich?" brummte die Kröte. „Aber gut, ich will euch helfen." Und sie kroch davon und kehrte nach kurzer Zeit mit dem gewünschten Schaf zurück.

Die schöne Jelena bedankte sich. Sie band das Schaf neben dem Bett fest und legte sich auch schlafen. Als der Jäger Andrej am nächsten Morgen erwachte und das Schaf mit dem goldenen Vlies erblickte, glaubte er zuerst noch zu träumen. Aber dann machte er sich voller Freude auf den Weg zum Zaren.

Der Zar empfand keine besondere Freude, als er sah, daß Andrej die schwierige Aufgabe so rasch gelöst hatte. Aber er zeigte seinen Ärger nicht. „Gut hast du das gemacht, mein lieber Andrej", sprach er. „Hier hast du deine Belohnung, und nun geh!" Dann rief er den Minister zu sich. „Du hast deine Sache nicht gut gemacht", knurrte er zornig. „Du solltest dir etwas Schweres ausdenken, eine Aufgabe, von der der dumme Kerl nicht wiederkehrt. Nun geh und denk dir etwas Besseres aus!"

Der Minister ging. Er versuchte zu denken, aber sein Kopf war leer. Ziellos irrte er durch die Straßen der Stadt, gelangte aufs freie Feld und schließlich in den Wald. Nach einer Zeit kam er wieder zu einer Lichtung und erblickte ein kleines Häuschen auf Hühnerfüßen, das sich im Kreise drehte. Es blieb mit dem Eingang zu ihm stehen, und er trat ein.

Drinnen saß die Baba Jaga, ururalt. Sie blickte ihn forschend an und fragte: „Was suchst du hier bei mir im Wald?"

„Du!" rief er voller Zorn. „Wegen deiner schlechten Ratschläge muß ich schon wieder umherirren und mir den Kopf zerbrechen. Heute schon brachte der Jäger Andrej dieses elende Schaf mit dem goldenen Vlies!"

„Erstens habe ich dir gar keine Ratschläge gegeben", antwortete die Baba Jaga, „sondern meine jüngere Schwester. Und sie hat dir ja auch gesagt, daß der Jäger Andrej von all diesen Dingen nichts versteht. Es ist seine Frau, die klug und weise ist. Wir müssen also etwas noch Schwierigeres finden." Sie überlegte eine Weile, dann fuhr sie fort: „Sagt ihm doch, er soll den Kater Einschläferer holen. Der befindet sich auf der silbernen Insel, noch weiter draußen auf dem Meer, und ist dort an einer goldenen Säule festgebunden. Wenn er schnurrt, muß im Umkreis von hundert Werst jeder einschlafen. Das werden sie nicht zustande bringen."

Der Minister hatte von diesem Kater noch nie etwas gehört. Er fand den Rat gut, bedankte sich bei der Baba Jaga und machte sich auf den Rückweg zum Palast.

Auch dem Zaren war der Kater Einschläferer völlig unbekannt. Er rief sogleich Andrej und sprach: „Mein lieber Andrej! Da du so tüchtig bist, habe ich noch einmal eine ganz besondere Aufgabe für dich. Du wirst auf die silberne Insel fahren, die weit draußen im Meer liegt, und mir von dort den Kater Einschläferer holen. Er ist an einer goldenen Säule festgebunden, und wenn er schnurrt, muß im Umkreis von hundert Werst jeder einschlafen. Für diesen Dienst erhältst du zweitausend Rubel. Aber wage es ja nicht, ohne diesen Kater wieder vor meinen Augen zu erscheinen."

„Ja Herr", antwortete Andrej und ging bestürzt davon. Wie sollte er diese Insel und den Kater je finden? Abends kehrte er voller Kummer in seine Hütte im Wald zurück. „Weshalb bist du so traurig?" fragte ihn Jelena. Da erzählte er ihr vom neuen Auftrag des Zaren und von seinen Sorgen. „Wer weiß, ob wir uns je wiedersehen", schloß er.

„Ach Andrej!" antwortete die schöne Jelena und lächelte. „Das ist doch keine schwere Aufgabe, sondern eine Kleinigkeit, deretwegen du dir keine Sorgen machen mußt. Schau, jetzt ist es spät und Zeit schlafen zu gehen. Der Morgen ist weiser als der Abend. Morgen werden wir weitersehen."

Andrej vertraute seiner Frau und ging schlafen. Sowie er eingeschlafen war, holte sie wieder ihr gesticktes Tuch hervor, breitete es auf dem Boden der Hütte aus und öffnete die Tür. Nach kurzer Zeit kam die große Kröte hereingekrochen und fragte: „Was befiehlst du, schöne Jelena?"

„Mein Mann, der Jäger Andrej, braucht den Kater Einschläferer von der silbernen Insel weit draußen im Meer. Kannst du ihm helfen?"

„Wegen einer solchen Kleinigkeit störst du mich?" brummte die Kröte. „Aber gut, ich will euch helfen." Sie kroch davon und kehrte nach kurzer Zeit mit dem gewünschten Kater zurück.

Als Andrej am nächsten Morgen mit dem Kater vor dem Zaren erschien, konnte der seinen Ärger nur mit Mühe verbergen. Er gab Andrej die versprochene Belohnung und schickte ihn fort. Dann rief er seinen Minister. „Wenn du so weitermachst, dann bist du die längste Zeit mein Minister gewesen!" sprach er voller Zorn. „Geh und denk dir etwas aus, so daß der elende Kerl nicht wiederkehrt!"

Der Minister ging, doch sein Kopf war leer. Alles, was er denken konnte, war: ‚Heute darf ich nicht wieder zu der Alten im Wald kommen!' Doch wie er auch seine Schritte lenkte, nach einer Zeit gelangte er wieder auf eine Lichtung des Waldes und erblickte ein Häuschen auf Hühnerfüßen, das sich im Kreise drehte. Es blieb mit dem Eingang zu ihm stehen, und er trat ein.

Drinnen saß die Baba Jaga, urururalt. „Du!" brüllte er. „Wegen deiner schlechten Ratschläge werde ich meine Ämter und am Ende auch meinen Kopf verlieren! Heute schon kam Andrej mit dem Kater Einschläferer zum Zaren!"

Die Baba Jaga blickte ihn gelassen an und antwortete: „Zuerst, mein Lieber, habe ich dir noch gar keinen Ratschlag gegeben. Du warst gestern bei meiner mittleren Schwester, und wie sie dir schon sagte, versteht Andrej von all dem gar nichts. Es ist seine Frau, die klug und weise ist und die wir überlisten müssen. Wir müssen einfach eine noch schwierigere Aufgabe finden." Sie überlegte eine Weile, dann fuhr sie fort: „Sagt ihm doch, er soll nach Ich-weiß-nicht-wo gehen, und das Ich-weiß-nicht-was bringen. Das kann er nicht."

„Da hast du recht", lachte der Minister, „das kann er nicht." Und das fand auch der Zar, als der Minister ihm davon erzählte. Er ließ Andrej rufen und sprach.

„Mein lieber Andrej! Heute habe ich eine ganz außergewöhnliche Aufgabe für dich. Du wirst nach Ich-weiß-nicht-wo gehen und mir das Ich-weiß-nicht-was bringen. Für diesen Dienst werde ich dich mit fünftausend Rubel belohnen. Aber wage es ja nicht, mit leeren Händen wiederzukommen!"

‚Was war das?' dachte Andrej. ‚Er wird langsam etwas wunderlich, unser Zar.' Er antwortete: „Ja Herr", und ging davon, ohne lange über diesen Auftrag nachzudenken.

Abends aber fragte ihn seine Frau: „Nun, was wollte der Zar heute von dir?" „Ach der Zar", antwortete er lachend. „Er sagte etwas Seltsames: Ich solle nach Ich-weiß-nicht-wo gehen und ihm das Ich-weiß-nicht-was bringen. Er ist, glaube ich, nicht mehr ganz richtig im Kopf, unser Zar." Aber die schöne Jelena blickte ihn nun sehr ernst an und sprach: „Mein lieber Andrej, das ist kein Unsinn und auch keine Kleinigkeit, sondern eine sehr schwere Aufgabe. Ich weiß nicht, ob es uns gelingen wird, sie zu erfüllen. Warte jetzt mit mir."

Sie warteten, bis es dunkel geworden war. Dann holte die schöne Jelena ihr fein gesticktes Tuch hervor, breitete es auf dem Boden der Hütte aus und öffnete die Tür. Nach kurzer Zeit kam die große Kröte hereingekrochen. „Was befiehlst du, schöne Jelena?" fragte sie.

„Mein Mann, der Jäger Andrej, soll nach Ich-weiß-nicht-wo gehen und das Ich-weiß-nicht-was holen. Kannst du ihm dabei helfen?"

Die Kröte wiegte bedächtig ihren Kopf, dann antwortete sie: „Ein Stück weit kann ich ihn geleiten, aber das Wichtigste muß er selber vollbringen." Sie wandte sich zu Andrej und sagte: „Setz dich auf meinen Rücken."

„Was?" rief der. „Dabei zerquetsche ich dich doch!"

„Versuch es nur", meinte die Kröte. Da setzte er sich ganz behutsam auf ihren Rücken. Sie aber holte Luft und blies sich auf. Größer und größer wurde sie, bis sie schließlich so groß war wie ein Pferd. Und dann sprang sie: Mit dem ersten Satz über den Wald, mit dem zweiten über die Stadt, mit dem dritten ans Meer. Mit dem nächsten setzte sie auf die kupferne Insel, wo an der silbernen Säule das Schaf mit dem goldenen Vlies gestanden. Mit dem folgenden auf die silberne Insel, wo an der goldenen Säule der Kater Einschläferer gewesen, und schließlich sprang sie auf die goldene Insel. Hier blieb sie stehen und sprach zu Andrej: „Bis hierhin konnte ich dich bringen, alles Weitere ist deine Aufgabe. Geh nach Ich-weiß-nicht-wo und suche das Ich-weiß-nicht-was. Und viel Glück dabei!"

Andrej bedankte sich bei der Kröte und ging. Er ging dorthin, wohin seine Augen blickten. Er kam zu einer Hütte – da war keine Hütte. Durch eine Tür – da war keine Tür – trat er ein. Drinnen stand ein Tisch – da war kein Tisch, ein Stuhl – da war kein Stuhl – und ein Ofen – da war kein Ofen. Hinter dem Ofen – da war kein Ofen – verbarg er sich.

Es ging nicht lange, da öffnete sich die Tür – da war keine Tür – und ein kleines Männchen erschien. Es war kaum größer als Andrejs Daumen, hatte aber einen Schnurrbart, dreimal so lang wie das Kerlchen selbst. Es setzte sich an den Tisch – da war kein Tisch – und rief: „Gevatter Naum, bring mir etwas zu essen!" Sogleich erschienen, von unsichtbarer Hand aufgetragen, ein gebratener Ochse und ein Fäßchen Wein. Das Männchen säbelte große Scheiben von dem Ochsen ab und aß ihn auf bis auf die Knochen. Dazu trank es das Fäßchen leer. Dann schrie es: „Gevatter Naum, räum den Tisch ab!" Augenblicklich verschwand alles wieder, und das Männchen verließ die Hütte – da war keine Hütte.

Andrej dachte: ‚So möchte ich es auch einmal haben.' Er setzte sich an den Tisch – da war kein Tisch – und bat: „Gevatter Naum, könnte ich bitte auch etwas zu essen bekommen?" Sogleich erschienen köstliche Speisen und Getränke, wie sie Andrej noch nie in seinem Leben gekostet. Doch ehe er zu essen begann, fragte er: „Gevatter Naum, möchtest du nicht mit mir essen? Gemeinsam schmeckt es viel besser."

„Gern nehme ich deine Einladung an, du herzensguter Mensch!" hörte er da ein ganz feines Stimmchen. „Tausend Jahre diene ich schon an diesem Ort, aber noch nie hat mich jemand zum Essen eingela-

den." Andrej sah nun, wie eine Gabel durch die Luft wanderte, ein Stück Fleisch aufspießte, zurückwanderte, und das Stück Fleisch verschwand. Ein Becher voller Wein wanderte durch die Luft, neigte sich und war plötzlich leer, ohne daß etwas verschüttet wurde. Es war ein etwas unheimlicher Anblick, und so bat er: „Gevatter Naum, könntest du dich nicht meinen Augen zeigen?"

„Nein", hörte er das feine Stimmchen, „das geht nicht. Ich bin nämlich das Ich-weiß-nicht-was."

„Oh!" rief Andrej und machte vor Freude beinahe einen Satz in die Luft. „Du bist das Ich-weiß-nicht-was? Das ist wunderbar, denn ich soll dich zum Zaren bringen. Ohne dich darf ich nicht heimkehren und muß von meiner Frau getrennt sein. Wärest du denn bereit, mit mir zu gehen?"

„Ja", ertönte das feine Stimmchen. „Ich komme gerne mit dir. Einen besseren Menschen finde ich bestimmt nie wieder. Und du mußt keine Angst haben: Auch wenn es den Anschein macht, daß ich dem Zaren gehorche, werde ich in Wirklichkeit nur dir dienen."

So aßen die beiden in Ruhe zu Ende. Dann räumte der Gevatter Naum den Tisch ab und beförderte den Jäger Andrej im Nu zum Zaren.

Der Zar war sehr erstaunt, Andrej so bald wiederzusehen, noch dazu mit leeren Händen. „Ich sagte dir doch, du solltest nicht mit leeren Händen wiederkommen", sprach er ärgerlich.

„Herr", erwiderte Andrej, „ich ging nach Ich-weiß-nicht-wo und bringe dir von dort das Ich-weiß-nicht-was. Es ist unsichtbar, und es kann dir jeden Wunsch erfüllen. Ist das wahr?" Und ein feines Stimmchen neben ihm ertönte: „So wahr, daß es wahrer nicht geht."

„Nun, wir werden sehen", meinte der Zar. „Dann soll das Ich-weiß-nicht-was die schöne Frau des Jägers Andrej hier-

herbringen." Er hatte kaum ausgesprochen, da stand die schöne Jelena schon bei ihnen. „So", sprach der Zar und rieb sich die Hände, „und jetzt soll das Ich-weiß-nicht-was den Jäger Andrej ans Ende der Welt befördern, so daß er nie wieder hier auftaucht!" In diesem Augenblick verschwanden der Zar und sein Minister, und kurz darauf ertönte ein feines Stimmchen: „Sie sind am Ende der Welt, und sie werden nie wieder hier auftauchen."

Nun war das Volk ohne Zaren. Da sie aber einen Herrscher wollten, wählten sie den Jäger Andrej zum Zaren und die schöne Jelena zur Zarin. Und das war eine gute Wahl, denn die schöne Jelena war klug und weise, und auch der Jäger Andrej war mächtig, nachdem der Gevatter Naum ihm diente.

DER ARME
UND SEINE SCHICKSALSFRAU

In einer kleinen Hütte am Rande einer Stadt lebte einst ein armer Mann mit seiner Frau und seinen Kindern. Außer der Hütte besaßen sie nur einen einzigen Esel, und mit diesem ging der Mann jeden Morgen in den Wald, um Holz zu sammeln. Das verkaufte er dann in der Stadt, und was er dafür erhielt, reichte gerade hin, seine Familie recht und schlecht zu ernähren.

Eines Tages, als er mit seinem vollbeladenen Esel durch die Straßen der Stadt zog, riefen ihm die Diener aus einem reichen Haus zu: „Führe deinen Esel in unseren Hof! Wir wollen dir dein Holz abkaufen." Der Arme brachte seinen Esel in den Hof jenes Hauses und feilschte mit den Dienern, bis sie sich auf einen Preis geeinigt hatten. Dann half er ihnen beim Abladen des Holzes. Als er aber sein Geld haben wollte, da sprachen sie: „Das Geld wird dir der Herr selber geben. Geh nur ins Haus und die Treppe hinauf, du findest ihn oben im Saal."

Der arme Mann betrat das Haus. Er staunte über die Pracht, die er da zu sehen bekam. Die Treppe war aus Kirschenholz, mit kunstvollen Schnitzereien versehen. Ehrfürchtig schritt er hinauf und trat in den Saal. Der war größer als seine ganze Hütte! Der Boden war mit spiegelndem Marmor belegt, die Wände mit edlem Holz verkleidet. In dem Raum befand sich nur ein einziger, kostbar geschnitzter und verzierter Stuhl. Darauf saß der reiche Mann und rauchte seine *Wasserpfeife*. Mit gesenktem Haupt näherte sich der Arme. Der Reiche gab ihm einige Kupfermünzen, der arme Mann bedankte sich und ging wieder zurück in den Hof. Dort fragte er die Diener: „Sagt mir, was tut euer Herr den ganzen Tag? Welcher Arbeit geht er nach?"

„Er sitzt den ganzen Tag auf seinem Stuhl und raucht seine Wasserpfeife", antworteten die Diener. „Und seine *Schicksalsfrau* spinnt für ihn einen goldenen Faden."
‚Ach so!' dachte der arme Mann. ‚Das will ich auch einmal versuchen.' Und er nahm seinen Esel, ritt zum Händler und kaufte Tabak für seine Wasserpfeife.

Als er an diesem Abend heimkam, sprach er zu seiner Frau: „Von heute an wird sich unser Leben grundlegend ändern. Wir werden reich!"

„Herrlich!" antwortete sie. „Was ist denn geschehen? Hast du das Holz heute zu einem besonders guten Preis verkauft? Gib mir das Geld, damit ich uns etwas zu essen holen kann!"

„Ich kann dir heute kein Geld geben", antwortete er, „denn ich habe mir Tabak gekauft. Von heute an will ich nichts anderes mehr tun als auf unserem Stuhl sitzen und meine Wasserpfeife rauchen. Und meine Schicksalsfrau wird für uns einen goldenen Faden spinnen."

„Du hast den Verstand verloren!" rief seine Frau entsetzt. „Was sollen wir nun tun? Was soll ich den Kindern zu essen geben?!"

„Ich weiß es nicht", antwortete er sanft. „Aber sei getrost, es wird sich schon etwas finden." Darauf setzte er sich, füllte seine Wasserpfeife und begann zu rauchen. Die verzweifelte Frau aber kratzte den letzten Rest Mehl zusammen, borgte sich bei der Nachbarin zwei Eier und buk für die Kinder einige Pfannkuchen, um ihren ärgsten Hunger zu stillen. ‚Mit Gottes Hilfe ist mein Mann morgen früh wieder bei Sinnen', dachte sie, als sie sich schlafen legte.

Doch als der Mann am nächsten Morgen aufstand, setzte er sich sogleich wieder auf den Stuhl und rauchte seine Wasserpfeife, und weder gutes Zureden noch flehentliches Bitten oder wütendes Schelten vermochten, ihn von der Stelle zu bewegen.

Zum Glück schaute da der Nachbar herein. „Ich sah euren Esel im Stall stehen. Braucht ihr ihn heute nicht?" fragte er. „Ich würde ihn gerne ausleihen, um Tonerde aus der Tongrube zu holen. Ich gebe euch auch etwas dafür." Die arme Frau war nur zu gerne einverstanden. ‚Damit ist der heutige Tag gerettet', dachte sie. ‚Und morgen werden wir weitersehen.' So nahm der Nachbar den Esel und ritt zur Tongrube.

Dort angelangt, stieg er hinab und begann zu graben. Es ging nicht lange, da stieß er auf etwas Hartes. Neugierig

schaufelte er es frei. Es war eine große Holztruhe, mit alten, rostigen Schlössern versehen. Mit großer Mühe gelang es

ihm, sie aufzustemmen – und da leuchtete es ihm entgegen. Die Truhe war voller Goldmünzen! „Ein Schatz!" rief er. „Ich bin reich!!" Er füllte einen seiner Säcke mit dem Gold, schleppte ihn nach oben und lud ihn dem Esel auf. Er wollte schon heimreiten, da fiel sein Blick nochmals auf die Truhe. Es war noch soviel Gold darin … ‚Es wäre schade, all das hier zurückzulassen', dachte er. ‚Ich will nochmals hinabsteigen und mir noch mehr holen!' Doch seine Habgier war zu groß – während er einen zweiten Sack mit Goldmünzen vollstopfte, brach die Tongrube ein und begrub ihn unter sich. Der Esel aber stand da, mit dem vollen Sack auf dem Rücken, und wartete. Er war es gewohnt zu warten. Doch als es Abend wurde und noch immer niemand kam, dachte er: ‚Sie haben mich wohl vergessen.' Und so trottete er langsam zu seinem Stall zurück.

Die Frau sah den Esel kommen. ‚Wahrscheinlich hatte der Nachbar nicht genü-

war unglaublich schwer, viel schwerer als Tonerde sonst. Und als sie ihn schließlich öffnete, da leuchtete ihr das Gold entgegen! „Komm schnell und schau dir das an!" rief sie ihrem Mann zu, der nach wie vor im Haus saß und seine Wasserpfeife rauchte.

„Weshalb störst du mich beim Rauchen?" antwortete er. „Wenn du mir etwas zeigen möchtest, dann bring es doch her."

„Das kann ich nicht", rief sie zurück. „Es ist zuviel und viel zu schwer!" Da erhob er sich schließlich und kam in den Stall. Als er das Gold erblickte, nickte er nur lächelnd und sagte: „Siehst du, mein Gefühl war richtig. Es war an der Zeit, daß ich mich zurücksetzte, und nun hat meine Schicksalsfrau für uns gesorgt." Darauf bauten sie von dem Geld ein großes Haus und verbrachten den Rest ihres Lebens in Glück und Wohlstand.

gend Zeit, um ihn selber zurückzubringen', dachte sie. ,Ah, und er hat uns einen Sack mitgegeben, das ist gut!' Sie lief in den Stall, band den Esel an und versuchte ihm den Sack abzuladen. Doch das gelang ihr nur mit großer Mühe, der Sack

LASSE, MEIN KNECHT!

Einst lebte ein Herzog, der hatte von seinen Vorfahren große Reichtümer geerbt. Aber er war ein leichtsinniger Verschwender, verspielte und vertrank sein Geld und verschenkte es den Freunden, die sich um ihn scharten. Und da er immer viel mehr ausgab, als ihm an Erträgen zufloß, so blieb ihm am Ende nichts mehr als ein paar zerrissene Kleider am Leib. Und nun, in der Stunde der Not, verliefen sich auch jene Freunde. Sie wandten sich von ihm ab und kannten ihn nicht mehr, wie Schweine sich vom leeren Futtertrog abwenden. So verließ er schließlich schweren Herzens seine Heimat und zog mit leerem Beutel und leerem Magen durch die Welt.

An einem schönen Herbsttag geriet er in einen großen Wald. Er ging bis zum späten Nachmittag, ohne ein Ende des Waldes zu erreichen. Da erblickte er im Schein der Abendsonne ein kleines Häuschen auf einer Lichtung, eine Hütte, wie sie von Holzfällern für ihre Mittags-

rast benützt wird. ,Vielleicht finde ich hier ein Stück trockenes Brot, das die Holzfäller zurückgelassen haben', dachte er voller Hoffnung, denn sein Magen knurrte laut. Doch in der Hütte war nichts Eßbares zu sehen. In einer Ecke türmte sich ein großer Haufen altes Laub, und gegenüber der Tür erblickte er eine große hölzerne Truhe. ,Was mag wohl darin sein?' fragte sich der Herzog und versuchte die Truhe zu öffnen. Ohne große Mühe hob er ihren Deckel und erblickte darin – eine zweite Truhe. Und als er diese öffnete, fand er eine dritte, dann eine vierte, fünfte, sechste ... Was mochte wohl in diesen Truhen zu finden sein? Voller Spannung öffnete er die siebente, die nur noch die Größe eines Kästchens hatte. Er erblickte darin ein kleines, abgerissenes, zusammengerolltes Stück Pergament. Vorsichtig entrollte er es. Einige ganz verblichene Buchstaben waren darauf zu erkennen, mit großer Mühe gelang es ihm, sie zu entziffern. „Lasse, mein Knecht!" stand da, und während er es las, murmelte er es gleichzeitig vor sich hin.

„Was befiehlt der Herr?" hörte er da plötzlich eine Stimme hinter seiner Schulter. Erstaunt drehte er sich um, aber da war niemand zu sehen. ,Seltsam', dachte er und schaute wieder auf den Zettel in seiner Hand. Er hatte schon richtig gelesen, da stand unzweifelhaft: „Lasse, mein Knecht!".

Er hatte es diesmal laut gesprochen, und wieder ertönte die Stimme hinter seiner Schulter: „Was befiehlt der Herr?" Er drehte sich wieder um, aber auch diesmal war niemand zu sehen. ,Was mag wohl geschehen, wenn ich etwas befehle?' dachte er. Sein Magen knurrte gerade wieder laut, und so sprach er: „Ich hätte gerne ein gutes Abendessen!"

Er hatte kaum zu Ende gesprochen, da standen auf dem Boden köstliche Speisen, die einen wunderbaren Duft verströmten, und erlesene Getränke. Aber ehe er zugriff, holte er wieder das Pergament hervor und rief: „Lasse, mein Knecht!" „Was befiehlt der Herr?" kam die Antwort. „Ein gutes Essen gehört auf einen schön gedeckten Tisch, und ein Stuhl muß auch herbei!" Sogleich stand das Gewünschte da. Und da der Herzog sich nun an seinen einstigen Reichtum erinnerte, wünschte er sich auch noch zwei Diener, die ihm die Speisen vorlegen und die Weine kredenzen sollten. Dann setzte er sich zu Tisch und tafelte, wie er es von früher gewohnt war.

Als er endlich satt war, fühlte er sich müde. Er wollte sich schon auf dem Laub ausstrecken, doch dann besann er sich eines Besseren. Er holte wieder das Pergament hervor und rief: „Lasse, mein Knecht!" „Was befiehlt der Herr?" kam sogleich die Antwort. „Ich möchte ein weiches, warmes Bett, mit Linnen und Damast bezogen. Es soll in einem schönen Schlafgemach stehen, in einem prächtigen Schloß mit hundert Räumen. Und dazu brauche ich noch hundert Bedienstete!" Er mußte kaum länger warten als zuvor, da war alles so, wie er es gewünscht. Zufrieden ließ er sich auskleiden, streckte sich behaglich in seinem weichen Bett aus und schlief voller Wonne ein, wie ein Säugling in den Armen seiner Mutter.

Und als er am nächsten Morgen erwachte, ging es mit dem Wünschen gleich weiter. Ein schöner Garten sollte das Schloß umgeben, mit hohen, alten Bäumen und blühenden Sträuchern, Ställe mit edlen Pferden und reich verzierten Kutschen mußten her, dazu Bedienstete, um sie zu pflegen, und natürlich brauchte er eine ganze Menge kostbarer Gewänder. So kam Lasse an diesem Vormittag kaum zur Ruhe.

Zur gleichen Stunde aber erhob sich der König in seinem Schloß aus seinem Bett. Das Königsschloß stand am Rande des Waldes, nicht weit von der Stelle, wo der Herzog sein Schloß hatte bauen lassen. So erblickte der König nun, als er aus dem Fenster sah, jenes andere Schloß im Wald. „Da ist ja ein Schloß!" rief er erstaunt.

„Jawohl, Majestät, da ist ein Schloß", antworteten die Diener und verneigten sich.

„Aber gestern war dieses Schloß noch nicht da!" rief der König wieder.

„Nein, gestern war es noch nicht da", bestätigten die Diener und verneigten sich wieder.

Da ließ der König seinen General kommen. „Geh und sieh nach, wer sich erdreistet, mir ohne meine Einwilligung ein Schloß vor die Nase zu bauen!" befahl er. „Nimm dir tausend Soldaten und genügend Kanonen mit und bring mir diesen Frechling gebunden hierher!"

Der General verneigte sich und ging. Er versammelte seine Soldaten, und mit Pauken und Trompeten zogen sie in den Wald. So hörte der Herzog sie schon von weitem kommen. Er begriff sofort, was diese Musik zu bedeuten hatte. „Lasse, mein Knecht!" rief er. „Was befiehlt der Herr?" „Schaffe mir zweitausend Soldaten, fünfhundert Reiter, hundert Kanonen und dazu einen General, der das alles befehligt! Wir wollen diese Gäste würdig empfangen." Sogleich war das Schloß von einem waffenstarrenden Heer umgeben, der Streitmacht des Königs weit überlegen. Der königliche General merkte schnell, daß da mit Gewalt nichts auszurichten war, und so sandte er dem Herzog Botschaft, er wolle ihm nur einen freundschaftlichen Besuch abstatten. Da öffnete der Herzog die Tore des Schlosses und empfing den General mit allen Ehren. Die Soldaten des Königs aber wurden in den Garten geführt und dort aufs köstlichste bewirtet. Und natürlich mußte wieder Lasse die Speisen für die vielen Soldaten heranschaffen …

Aber Lasse bekam an diesem Tag noch viel mehr zu tun, denn der Herzog führte den General durch sein Schloß, und so mußten all die Säle noch reicher verziert und die Schatzkammer gefüllt werden. Dem General vergingen schier die Sinne, als er all diesen Reichtum sah. Dagegen nahm sich das Schloß seines Königs wie eine armselige Hütte aus. Der General begriff, daß er alles tun mußte, um diesen Herzog freundlich zu stimmen, sonst würde er den König verjagen und die Macht an sich reißen. Und nun kam ihm ein vortrefflicher Gedanke. Hatte der König nicht eine wunderschöne Tochter, die bisher jeden Freier verschmähte? Dieser hier war nun gewiß würdig, ihr Gemahl zu werden, und mit einer solchen Hochzeit wäre seine gewaltige

Macht für den König gewonnen. Durch vorsichtiges Fragen versuchte der General zu ergründen, ob der Herzog schon vermählt sei, und als er sich sicher dünkte, daß das nicht der Fall war, begann er ihm die Königstochter in den herrlichsten Farben und Bildern zu schildern. Er wurde nicht müde, ihre Schönheit und ihre anderen Vorzüge zu preisen, und der Herzog war ein aufmerksamer, ja begeisterter Zuhörer. Als er gar erfuhr, daß die Prinzessin ihr Herz noch nicht vergeben, da beschloß er, sie und den König am nächsten Tage aufzusuchen, und er bat den General, seinen Besuch im Königsschloß anzukündigen. Mehr wollte der General gar nicht hören. Der Herzog schien gewonnen, nun galt es noch, die Königstochter für ihn einzunehmen. Und wenn die Hochzeit tatsächlich zustande käme, wäre bestimmt auch ihm großer Lohn gewiß. Er verabschiedete sich vom Herzog, versprach seinen Wunsch zu erfüllen und machte sich mit seinen Soldaten, die nach dem Gelage im Schloßgarten zum Teil nur noch torkeln konnten, auf den Heimweg ins Königsschloß.

Dort angelangt, begab er sich sogleich zum König. „Nun", fragte der, „wo ist der Frechling, der sein Schloß vor meine Nase gebaut?" Da berichtete der General von der gewaltigen Macht und dem unermeßlichen Reichtum des Herzogs. „Ihm mit Gewalt beizukommen, war unmöglich, und so versuchte ich seine Freundschaft zu gewinnen." Und dann erzählte er von der Liebenswürdigkeit des Herzogs, seiner Schönheit und Anmut, seinem Witz und raschen Verstand, so daß die Königstochter, die sich auch im Thronsaal befand, ganz neugierig auf ihn wurde. Und auch der König hörte gespannt zu und äußerte den Wunsch, diesen mächtigen Herrn kennenzulernen. „Ich habe ihm von Eurer Majestät erzählt", erwiderte der General. „Er möchte Euch morgen seine Aufwartung machen." Da lobte der König den General für seine guten Dienste, dankte ihm und verlieh ihm einen weiteren Orden, so daß seine Brust noch prächtiger geschmückt war.

Der Herzog aber rief sogleich nach dem Aufbruch des Generals wieder nach Lasse. „Ich brauche morgen früh", sprach er, „zwölf Diener, prächtiger gekleidet als Fürsten und Könige. Sie sollen auf zwölf pechschwarzen Pferden reiten, wie man ihresgleichen im ganzen Königreich nicht findet. Ich selber aber möchte einen Schimmel als Reitpferd, kräftig und wild, leuchtend wie die Sonne am Mittag, wie man ihn auf der ganzen Welt nicht finden kann. Dazu brauche ich ein Gewand, mit Diamanten und Juwelen besetzt, wie sie

der König noch nie gesehn, und den dazu passenden Schmuck!" Am nächsten Morgen war alles Gewünschte da, der Herzog legte sein Prachtgewand an und machte sich mit seinem Gefolge auf den Weg zum Königsschloß.

Der König erhob sich zu dieser Stunde gerade. Er wunderte sich über das Leuchten draußen vor dem Schloß – so hell schien die Sonne doch sonst nur am Mittag, und so lange hatte er nun gewiß nicht geschlafen. Neugierig schaute er zum Fenster hinaus und erblickte nun den Herzog und sein Gefolge, die in den Schloßhof einritten. Der König erbleichte. Eine derartige Pracht, einen solchen Reichtum hatte er noch nie gesehn. In seinem großen Schloß und mit all seiner Macht kam er sich dagegen wie ein Bettler vor. Er ließ sich sein prächtigstes Staatsgewand bringen, um den Herzog würdig zu empfangen, aber selbst darin schämte er sich ein wenig, ihm zu begegnen.

Der Herzog verteilte unterdes Geschenke unter den Dienern des Schlosses – Lasse hatte ihn reich versorgt mit Gold und Edelsteinen. Als der König erschien, verneigte sich der Herzog tief, der König aber ging auf ihn zu und zog ihn an seine Brust. „Seid mir willkommen, edler Herr!" sprach er. „Mein General hat mir bereits von Eurem Edelmut und Eurer Großzügigkeit erzählt, und ich bin hocherfreut, daß Ihr uns besuchen kommt!" Der Herzog bedankte sich artig für diesen freundlichen Empfang, und so gab ein Wort das andere, und die beiden Herren merkten bald, daß sie einander verstanden. Nun kam auch die Königstochter hinzu, sie spazierten gemeinsam durch den Schloßgarten, und die junge Frau bewunderte die schöne Gestalt und die trefflichen Reden des Herzogs, während er von ihrer Schönheit ganz hingerissen war. Die Blicke, die sie tauschten, wurden immer freundlicher und inniger, und als der Herzog sich am Nachmittag verabschiedete, um zu seinem Schloß zurückzukehren, da lud er den König und seine Tochter für den nächsten Tag zu sich aufs Schloß ein, und die beiden sagten mit großer Freude zu.

Lasse aber bekam nun wieder einiges zu tun. Der Garten mußte erweitert und ganz neu gestaltet, die Bediensteten des Schlosses vermehrt und prächtiger ausgestattet werden. Die Innenräume des Schlosses gehörten noch verschönert, und für den nächsten Tag wünschte der Herzog ein Festbankett mit siebenundzwanzig Gängen und den erlesensten Weinen, zu Ehren des Königs und seiner schönen Tochter. Hundert livrierte, goldbetreßte Diener sollten den Gästen die Speisen vorlegen und die Getränke einschenken. Am nächsten Morgen war alles für den Empfang der königlichen Gäste bereit.

Der König konnte sich nun selber überzeugen, daß sein General mit seinen Schilderungen keineswegs übertrieben hatte. Auch die Königstochter war hingerissen von der Pracht und Bequemlichkeit des herzoglichen Schlosses und von dem wundervollen Garten, der es umgab. Als sie aber gemeinsam beim Festmahl saßen, da erhob der Herzog sein Glas und sprach: „Ich trinke auf unseren königlichen Besuch. Der König und sei-

ne Tochter, sie mögen lange und glücklich leben und regieren!" „Hoch! Hoch!" riefen alle Gäste und prosteten einander zu. Der Herzog aber fuhr fort: „Gleichzeitig wage ich es, einen Wunsch zu äußern, edler König." Er blickte fragend zum König hin, der huldvoll lächelte. So sprach der Herzog weiter: „Wir haben in diesen Tagen Gefallen aneinander gefunden, die größte Freude aber bereitet mir der Anblick und die Gegenwart Eurer zauberhaften Tochter. Und wenn ich die Sprache ihres Herzens richtig verstehe, dann bin auch ich ihr nicht gleichgültig." Er blickte nun fragend zur Königstochter hin, die ihn mit einem warmen Lächeln ermunterte weiterzusprechen. „So bitte ich Euch, edler König, um die Hand Eurer Tochter, so sie mich auch zum Gemahl wünscht. Und mit dieser Hochzeit soll unsere Freundschaft nicht nur vertieft und gefestigt, sondern für alle Zeiten besiegelt werden!"

Die Königstochter lächelte und nickte, und auch der König nickte. „Dein Wunsch entspricht meinem eigenen Herzenswunsch", antwortete er. „So sei mir denn als Schwiegersohn willkommen!" Sie standen auf und umarmten einander. So wurde aus dem Festmahl gleich eine Verlobungsfeier, und wenige Tage später fand die Hochzeit statt. Es versteht sich von selbst, daß Lasse in diesen Tagen nicht zur Ruhe kam. Immer neue und ausgefallenere Wünsche seines Herrn hatte er zu erfüllen. Und als die Königstochter nach der Hochzeit ins herzogliche Schloß zog, da mußte das Schloß erweitert und noch prächtiger gestaltet und Dienerinnen und Zofen für die neue

Herrin herbeigeschafft werden. Der Herzog und seine Frau aber genossen ihr Glück miteinander, und sie gewannen einander von Tag zu Tag lieber. Jeder Wunsch, der ihr über die Lippen kam, wurde sogleich erfüllt, und dazu bemühte der Herzog natürlich Lasse – wen sonst.

Eines Tages aber, als der Herzog allein durch den Garten spazierte, da vernahm er hinter sich eine heisere Stimme: „Ist der Herr zufrieden?" Der Herzog drehte sich um, aber es war niemand zu sehen. Doch auch so hatte er die Stimme erkannt – es war unzweifelhaft Lasse, der da fragte. „Ich bin sehr mit dir zufrieden", antwortete der Herzog gutgelaunt. „Einen besseren Diener als dich hatte ich noch nie!" „Nun, wenn der Herr zufrieden ist und nichts mehr benötigt, dann könnte der Herr ja vielleicht auch etwas für mich tun?" fragte Lasse weiter. „Ich habe auch schon lange daran gedacht, dich zu belohnen", erwiderte der Herzog, „nur wußte ich bis jetzt noch nicht wie. Was kann ich denn für dich tun?" „Es genügt, wenn der Herr heute Abend das kleine Pergament auf seinen Nachttisch legt. Dann kann ich es mir nachts holen." Der Herzog versprach, Lasses Wunsch zu erfüllen, und so legte er an diesem Abend, ehe er mit seiner Frau zu Bett ging, das kleine Pergament auf seinen Nachttisch.

Als er aber am nächsten Morgen erwachte, da fand er sich splitternackt auf einem Lager aus trockenen Blättern wieder. Das Schloß, der Garten, die Diener, seine Schätze – alles war verschwunden! Seine Frau aber lag neben ihm, nur mit einem ihrer Nachthemden bekleidet. Der Herzog erschrak wie noch nie in seinem Leben. Er sprang auf und erkannte, daß sie sich in der Holzfällerhütte befanden, in der er einst das Pergament entdeckt. Die Truhe stand noch da, rasch sprang er hin und öffnete sie, wühlte sich bis zur innersten Truhe durch, dem kleinen Kästchen. Aber als er es öffnete, war es leer. Das Pergament war verschwunden, Lasse hatte es mitgenommen. ‚Er hat mich hereingelegt!' dachte der Herzog niedergeschlagen und voller Zorn.

Mittlerweile erwachte auch die Königstochter, und als sie merkte, was geschehen war, entsetzte sie sich zunächst über alle Maßen. Der Herzog nahm sie in die Arme, und nach und nach beruhigte sie sich. Und dann erzählte er ihr seine ganze Geschichte und den Grund für ihr plötzliches Unglück, und er bat sie um Verzeihung für das Ungemach, das er ihr nun bereitet. Da lächelte sie und meinte: „Wir sind Frau und Mann, wir haben das Schöne geteilt, nun will ich dich im Elend nicht verlassen. Wir werden uns auch ohne Schloß und große Reichtümer durchs Leben schlagen. Mein Vater besitzt freilich genug, aber ich fürchte seinen unbändigen Zorn, wenn er erfährt, was geschehen ist."

Zu dieser Stunde erhob sich auch der König in seinem Schloß. Wie üblich schaute er zuerst durchs Fenster hinüber zum Wald, zum Schloß seines Schwiegersohnes. Aber an diesem Morgen blieb er mit offenem Mund stehen, denn von dem Schloß war nichts mehr zu sehen, nur der Wald erstreckte sich vor seinen Augen. Er rieb sich die Augen, aber das

half nichts, das Schloß war und blieb verschwunden! „Das Schloß ist nicht mehr da!" brachte er schließlich stammelnd hervor. „Ja", bestätigten seine Diener und verneigten sich, „das Schloß ist nicht mehr da."

„Aber gestern abend war es noch da!" rief der König. „Ja", bestätigten die Diener und verneigten sich wieder, „gestern abend war es noch da." „Dann geht nachsehen, was geschehn ist!" befahl der König wütend. Er ließ sich rasch ankleiden und ritt dann selber hinaus in den Wald, denn im Schloß hielt es ihn nicht länger.

Als er nun zu der Holzfällerhütte kam und seine Tochter im Nachthemd und seinen Schwiegersohn nackt dastehen sah, da geriet er in unbändigen Zorn. „Ein elender Betrüger bist du!" schrie er den Herzog an. „Ein Zauberer, der uns etwas vorgegaukelt hat. Aber jetzt haben wir dich durchschaut, jetzt ist es aus mit dir!" Er wollte keine Erklärung anhören,

und auch das Flehen seiner Tochter, die um das Leben ihres Mannes bat, nützte nichts. Der König rief sogleich den Henker herbei und befahl ihm, den Herzog am Galgen aufzuknüpfen. Glücklicherweise gelang es der Prinzessin, den Henker zu bestechen, so daß der die Schlinge nicht zu fest anzog und der Herzog am Leben blieb. In der Abenddämmerung wollte sie ihn dann vom Galgen holen und mit ihm fliehen.

Da hing der Herzog nun, und der Tag wurde ihm lang. Es war gewiß der längste Tag seines Lebens. Sehnlichst erwartete er den Sonnenuntergang und das Kommen seiner Frau. Und er machte sich Gedanken über sein bisheriges Leben, in dem er ja schon mehrmals viel besessen und viel verspielt hatte. Die Sonne neigte sich schon zum Untergehen, bald hatte er die Qual überstanden, da erblickte er einen Wagen mit Anhänger, der sich ihm vom Waldrand her näherte. Auf dem Kutschbock saß eine abscheuliche Gestalt mit aschgrauem Gesicht, abstoßender als alles, was der Herzog je gesehn. Die Wagen aber waren über und über mit alten zerrissenen Schuhen und Stiefeln beladen. Vor dem Galgen hielt das seltsame Gefährt, und der Wicht auf dem Kutschbock schwenkte ein kleines Stück Pergament durch die Luft. „Das hast du jetzt davon!" rief er. „Lasse, mein Knecht! Lasse, mein Knecht! Etwas anderes brachtest du ja kaum mehr über die Lippen! Selber etwas zu tun fiel dir nicht einmal im Traum ein! Siehst du all die Stiefel? Ich habe sie alle in deinen Diensten durchgelaufen, in nicht einmal einem Jahr! Aber das hat nun zum Glück ein Ende, so wie du hier am Galgen!" Und er schwenkte das Pergament dicht vor des Herzogs Nase. Aber nicht alle sind tot, die am Galgen hängen. Im richtigen Augenblick griff der Herzog zu und riß Lasse das Pergament aus der Hand. „Lasse, mein Knecht!" rief er, und Lasse mußte ihm nun wieder gehorchen, ob er wollte oder nicht. „Schaff mir auf der Stelle alles wieder so, wie es gestern abend war!" befahl der Herzog. „Bring mich zu meinem Schloß zurück, und dann hole auch meine Frau her!" Im Nu befanden sich der Herzog und die Prinzessin wieder in ihrem prächtigen Schloß. Der Herzog erzählte der Prinzessin, was geschehen war. Sie war überglücklich über die gute Wendung, die alles genommen, und die beiden verbrachten die Nacht voller Freude.

Als sich der König am nächsten Morgen erhob, mochte er beim ersten Blick aus dem Fenster seinen Augen nicht trauen. Da stand ja das Schloß seines Schwiegersohnes wieder, so prächtig wie eh und je! „Das Schloß!" rief er. „Es ist wieder da!" Seine Diener verneigten sich und bestätigten: „Ja, das Schloß ist wieder da." „Aber gestern war es doch verschwunden!" rief der König wieder, der all das immer weniger begriff. „Ja", versicherten die Diener, „gestern war es verschwunden." Der König ließ sich in Windeseile ankleiden, bestieg sein bestes Pferd und galoppierte zum Schloß des Herzogs, um selber nachzusehen, was da geschehen war.

Der Herzog und die Prinzessin empfingen den König freundlich, taten aber

etwas erstaunt über diesen frühen, eiligen Besuch. Der König schaute sich um, betastete unauffällig das Schloß, um sich zu vergewissern, daß es wirklich da sei. Unzweifelhaft, es war da. „Stand hier nicht gestern morgen eine armselige Holzfällerhütte?" fragte er schließlich. „Und habe ich dich nicht an den Galgen hängen lassen?"

„Aber, aber", meinte der Herzog. „An den Galgen? Da könnte man ja meinen, daß Ihr mir Böses wollt, und dem ist doch gewiß nicht so. Und eine Holzfällerhütte? Hat jemand von euch gestern hier eine Holzfällerhütte gesehen?" fragte er die sie umgebenden Diener. Nein, alle schüttelten den Kopf – wer hätte es auch gewagt, dem mächtigen Herzog zu widersprechen? Und auch die Prinzessin meinte: „Ihr hattet gewiß einen bösen Traum, Vater. Wie sollte eine Holzfällerhütte hierherkommen? Und weshalb solltet Ihr meinen geliebten Mann an den Galgen knüpfen wollen? Ich glaube, Ihr seid erschöpft von Eurer anstrengenden Regierungsarbeit und braucht ein wenig Ruhe."

Der König nickte und seufzte. Es mußte wohl ein Traum gewesen sein – sonst müßte er ja an seinem klaren Verstand zweifeln ... So beschloß er, die Sache schleunigst zu vergessen. Und da er sich tatsächlich etwas müde fühlte, fragte er seinen Schwiegersohn, ob der ihm nicht bei der Regierungsarbeit ein wenig helfen könne, und der Herzog stimmte gerne zu. Die drei verbrachten den Tag -m Schloß und im Garten, und am Abend war der König überzeugt, daß er tatsächlich nur einen bösen Traum gehabt habe, der zum Glück schon weit hinter ihm lag. Der Herzog aber hatte bei der Sache etwas gelernt. Er wollte sich nicht länger nur auf Lasses Dienste verlassen, sondern auch selber etwas tun. So begann er sich mehr und mehr um seine Geschäfte zu kümmern, und er half auch dem König immer mehr bei der Regierung des Landes. Und da er klug und geschickt war und zudem auch die Armut kennengelernt hatte, machte er seine Sache gut. Die Menschen waren zufrieden, und das Land gedieh. So war es ganz natürlich, daß er nach dem Tode des Königs dessen Erbe wurde und das Land gemeinsam mit seiner Frau in Weisheit und Frieden regierte.

Als er nun eines Abends durch den Garten seines Schlosses spazierte, hörte er plötzlich eine Stimme hinter sich: „Hätte der Herr ein wenig Zeit für mich?" Er wandte sich um und erblickte Lasse. Sein Gesicht war zwar noch so grau wie damals bei der Begegnung am Galgenhügel, aber es schien doch viel freundlicher und entspannter. Und er sprach auch freundlich weiter: „Ich möchte Euch nur fragen, ob Ihr mich noch braucht. Denn seht, wo ich früher in der Woche zehn Paar Stiefel in Eurem Dienst durchgelaufen habe, brauche ich heute kaum mehr als eines im Jahr. Könntet Ihr mir nicht das Pergament zurückgeben? Denn seht, solange es in Eurer Hand ist, habe ich nichts zu befürchten, aber wenn ein anderer es bekommt, dann geht für mich die Plackerei wieder los. Und ich bin es leid! Ich bin müde und will endlich zur Ruhe kommen!"

Der Herzog nickte. „Du hast recht", sagte er. „Ich brauche deine Dienste tatsächlich nicht mehr. Aber wenn ich dir das Pergament zurückgebe, dann verschwindet alles, was du geschaffen, und das möchte ich nicht, denn einen Baumeister wie dich finde ich gewiß nicht wieder. Aber ich will das Pergament so vergraben, daß keiner es je wiederfindet, damit du endlich zu deiner wohlverdienten Ruhe kommst." Damit war Lasse einverstanden, und noch in der gleichen Nacht legte der Herzog das Pergament in ein eisernes Kästchen und vergrub es tief unter einem mächtigen gewachsenen Felsen. Seither haben viele danach gesucht, aber keiner hat es je wiedergefunden.

DER ZEHNTE SOHN DES SCHÄFERS

In einem fernen Land regierte einst ein *Padischah*, der besaß alle Reichtümer dieser Welt, aber er hatte keine Kinder. Wem also sollte er all seine Schätze hinterlassen? Schließlich brachte seine Frau in späten Jahren ein Kind zur Welt – eine Tochter. Töchter aber durften damals das Reich nicht erben, nur Söhne, Männer. Der Gemahl seiner Tochter würde also dereinst sein Nachfolger, und der Padischah war begierig zu erfahren, wer das sein mochte.

Er ließ seine Sterndeuter und die weisen und zauberkundigen Männer seines Reiches kommen und befahl ihnen herauszufinden, wer der Gemahl seiner Tochter sein würde. Die weisen Männer betrachteten die Sterne in ihrem Lauf, sie schlugen in ihren dicken Büchern nach, und schließlich gingen sie zum Padischah und verkündeten ihm: „Herr, der Gemahl Eurer Tochter wird der zehnte Sohn eines armen Schäfers sein, und er wird ein Muttermal auf der linken Schulter tragen. So steht es in den Sternen geschrieben, und so ist es vom Schicksal beschlossen."

Diese Auskunft gefiel dem Padischah überhaupt nicht. Ein solcher Habenichts sollte der Erbe seines mächtigen Reiches werden? Undenkbar! Das galt es zu verhindern, und er wollte es verhindern. Er rief seinen *Wesir*, und die beiden beschlossen, durchs Land zu ziehen, um diesen zehnten Sohn eines Schäfers zu finden und zu beseitigen. Sie verkleideten sich als *Derwische* und machten sich auf den Weg.

Viele Wochen waren sie schon erfolglos unterwegs, da erreichten sie eines Abends ein kleines Dorf. Am Rande des Dorfes stand eine armselige, windschiefe Hütte, und davor spielten neun Jungen. Der Älteste zählte vielleicht neun oder zehn Jahre, und der Jüngste krabbelte noch und machte mit Hilfe seiner Brüder seine ersten unsicheren Schritte. Als der Älteste die Fremden erblickte, lief er auf sie zu, verneigte sich vor ihnen und rief: „Tretet in unser Haus, Fremde, und seid unsere Gäste! Denn Fremde sind Gesandte von *Allah*!"

Der Padischah zögerte. Zu ärmlich erschien ihm die Hütte, es gab da sicher nicht einmal ein Bett für ihn. Doch der Wesir flüsterte ihm zu: „Bisher haben wir immer nur in reichen Häusern übernachtet. Dort konnten wir den zehnten Sohn eines armen Schäfers nicht finden. Vielleicht haben wir in dieser armseligen Hütte hier mehr Erfolg."

So traten die beiden ein. Der Hirt, dem die Hütte gehörte, schlachtete zu Ehren der beiden Gäste das einzige Schaf, das er noch besaß, und bereitete davon einen *Schaschlik*. Die Mahlzeit schmeckte dem Padischah besser als alles, was er in seinem Palast je gegessen. „Wo hast du gelernt, solche Köstlichkeiten zuzubereiten?" fragte er seinen Gastgeber. „Wir sind wahrlich schon weit herumgekommen, aber dergleichen haben wir noch nie gekostet."

„Es freut mich, ehrwürdige Derwische, wenn euch die bescheidene Mahlzeit schmeckt. Ich bin ja nur ein einfacher Hirte, doch wie man den Schaschlik zubereitet, vererbt sich bei uns vom

Großvater auf den Vater und vom Vater auf den Sohn. Auch ich habe es von meinem Vater gelernt."

Nach dem Essen legten sie sich alle schlafen. Am nächsten Morgen weckte der Schäfer seine Gäste. „Ihr Derwische", sprach er, „euer Kommen hat meinem Hause Glück gebracht: In eben dieser Nacht hat meine Frau mir den zehnten Sohn geschenkt! Und es muß ein Glückskind sein, denn er hat ein Muttermal auf der linken Schulter."

Nun wußte der Padischah, daß er am richtigen Ort war. Er gab sich nicht zu erkennen. Er beglückwünschte den Hirten und sprach: „Du mußt versprechen, mir einen Wunsch zu erfüllen, sonst werde ich nicht mit dir frühstücken."

„Herr", fragte der Schäfer, „was könnte ich armer Mann Euch denn geben? Ich habe doch nichts."

„Einerlei", erwiderte der verkleidete Padischah. „Versprich es mir, sonst rühre ich keinen Bissen an!" Das wäre eine schwere Kränkung für den Gastgeber gewesen, und so versprach es ihm der Hirte. Dann setzten sie sich zum Frühstück.

Nach dem Essen sprach der Padischah: „Nun höre meinen Wunsch: Du hast zehn Söhne, und ich keinen einzigen. So gib mir deinen jüngsten, der diese Nacht zur Welt kam. Ich will gut für ihn sorgen, und ich werde dir dafür soviel Gold geben, daß du deine anderen Kinder in Wohlstand und ohne Sorgen großziehen kannst."

Der Hirte erbleichte. „Herr", antwortete er, „das geht nicht. Wer könnte sein eigenes Kind verkaufen?"

„Du hast es mir versprochen!" sagte der Padischah.

„Auch wenn ich es Euch versprochen habe, kann ich diese Sache nicht allein entscheiden", erwiderte der Schäfer. „Ich muß mich mit meiner Frau beraten." Und er ging in den hinteren, durch einen dicken Vorhang abgetrennten Teil der Hütte und sprach leise mit seiner Frau. Sie aber meinte: „Weißt du, unserem Jüngsten ist Glück geweissagt worden. Er trägt ein Glückszeichen. Laß ihn uns dem Fremden mitgeben, es wird ihm nichts Böses zustoßen. Und wir bekommen soviel Gold, daß wir unser Elend los sind und die anderen in Wohlstand großziehen können." So holten sie eine Waage herbei. Auf die eine Waagschale legten sie das neugeborene Kind, auf die andere aber häufte der Padischah Goldstücke, bis die Schalen gleich schwer waren. Dann nahm der Hirte das Gold, und die Fremden ritten mit dem Kind davon.

Im nächsten Dorf ließ der Padischah vom Schreiner ein hölzernes Kästchen anfertigen. Er legte das Neugeborene hinein und warf das Kästchen in ein tiefes Wasser, das außerhalb des Dorfes dahinfloß. „So", sprach er zu seinem Wesir. „Der wird gewiß nicht mein Schwiegersohn und der Erbe meines Reiches!" Und er ritt sehr zufrieden heim.

Viele Jahre später war der Padischah an einem heißen Sommertag unterwegs auf der Jagd. Er war seinem Gefolge weit vorausgeritten und wartete auf seine Diener am Rande des Waldes, nahe dem Ufer eines Flusses. In dem Fluß badeten und vergnügten sich einige junge Männer, und der Padischah bemerkte, daß einer von ihnen ein Muttermal auf der linken Schulter hatte. Unwillkürlich fiel ihm das Neugeborene ein, das er einst ins Kästchen gelegt und ins Wasser geworfen hatte. ‚Das ist doch nicht möglich!' dachte er. Aber er wollte sicher gehen. So lenkte er sein Pferd ans Ufer und rief den Jungen mit dem Muttermal. „Wer sind deine Eltern?" fragte er ihn. „Wo lebst du?"

Der Junge führte ihn zur Mühle, die nicht weit von dem Ort am Fluß lag. Die Müllersleute waren schon alt, und der Padischah fragte erstaunt: „Ist das euer Sohn?"

„Nicht unser leiblicher Sohn, Erhabener", antwortete der Müller und verbeugte sich. „Er kam auf ganz besondere Art und Weise zu uns. Eines Morgens, vor vielen Jahren, stand das Rad unserer Mühle plötzlich still. Als ich hinging um nachzusehen, fand ich ein hölzernes Kästchen, das sich zwischen den Speichen des Mühlrades verfangen hatte. Ich nahm es und fand darin einen neugeborenen Jungen. Meine Frau und ich hatten

oft zu Allah gebetet, uns Kinder zu schenken, doch wir bekamen keine. So sahen wir diesen Jungen als Geschenk von Allah, dem Barmherzigen, an und zogen ihn auf als unseren eigenen Sohn. Möge unser Tun Gnade finden vor deinen Augen!"

Der Padischah bebte innerlich vor Zorn. Dieser Hirtenjunge war immer noch am Leben! Doch er ließ sich nichts davon anmerken – im Gegenteil. Er nickte dem Müller zu und lächelte. „Du hast gut gehandelt, und Allah hat deine Güte belohnt, denn dein Sohn ist prächtig geraten. Ich will ihm und euch eine Gunst erweisen. Ich muß dringend einen Brief an meinen Wesir in den Palast schicken. Euer Junge soll ihn überbringen. Ich werde ihn gut dafür belohnen, und wenn er sich als geschickt erweist, habe ich vielleicht noch weitere Verwendung für ihn."

Der Müller und der Junge verneigten sich ob dieser Ehre. Der Padischah aber setzte sich an den Tisch und schrieb an seinen Wesir:

Dieser Junge ist zwar sehr freundlich und angenehm von Angesicht, aber in Wirklichkeit bedeutet er eine große Gefahr für unser Reich und muß beseitigt werden. Laß ihn töten, noch ehe ich heimkehre. Wenn du meinen Befehl nicht befolgst, werde ich dich aus deinen Ämtern entlassen!

Der Padischah unterschrieb den Brief, verschloß und versiegelte ihn und reichte ihn dem Jungen mit den Worten: „Diesen Brief darfst du nur meinem Wesir übergeben, keinem anderen Menschen!" „Ich höre und gehorche", antwortete der Junge, verneigte sich und machte sich auf den Weg.

Am frühen Abend erreichte er die Hauptstadt. Obwohl die Mühle nicht weit davon entfernt lag, war er noch nie dagewesen. Er staunte über die großen Häuser, die prächtig geschmückten Paläste und die herrlichen Gärten. Am Rande eines Gartens, der größer und prächtiger war als alle anderen, blieb er lange stehen. Er konnte sich gar nicht sattsehen an all den Blumen und Sträuchern, den Wasserläufen und Springbrunnen und den mächtigen alten Bäumen.

Als er so stand und schaute, erblickte er eine Schar junger Frauen, die in der Kühle des Abends durch den Garten spazierten. Eine unter ihnen zog seine Blicke unwiderstehlich an. Sie schien ihm schöner als alle anderen, mit ihren dunklen, blitzenden Augen, ihren vollen, rosigen Lippen, ihren schimmernd weißen Zähnen, ihren dichten schwarzen Haaren ... Er konnte seine Augen gar nicht mehr von ihr abwenden, wie verzaubert starrte er sie an. Da bemerkte sie

ihn auch, kam auf ihn zu und fragte: „Wer bist du, Fremder, und was führt dich hierher?"

Da erwachte er aus seiner Verzückung. „Ich ... ich soll einen Brief des Padischah an seinen Wesir überbringen", antwortete er ein wenig stockend.

„Zeige mir diesen Brief", bat sie.

„Nein", erwiderte er, „das darf ich nicht. Der Padischah hat mir befohlen, diesen Brief nur seinem Wesir zu zeigen, keinem anderen Menschen."

„Weißt du", sagte sie, „ich bin die Tochter des Padischah. So darf ich diesen Brief wohl auch sehen."

Er wußte nichts zu erwidern, verneigte sich tief und reichte ihr den Brief. Sie erbrach das Siegel, öffnete den Brief und las:

Dieser Junge ... muß beseitigt werden. Laß ihn töten, noch ehe ich heimkehre ...

,Was ist nur in meinen Vater gefahren', dachte sie, ,daß er einen so liebenswerten Jungen töten lassen will. Das soll nicht geschehen!' Zu dem Jungen sprach sie: „Warte ein wenig hier, ich komme gleich wieder." Dann lief sie in ein Gartenhäuschen und schrieb, die Handschrift ihres Vaters nachahmend, einen anderen Brief:

Dieser freundliche und liebenswerte junge Mann soll sogleich nach seiner Ankunft im Palast mit meiner Tochter verheiratet werden. Die Hochzeit soll noch vor meiner Rückkehr stattfinden. Wenn du meinen Befehl nicht befolgst, lasse ich dich enthaupten.

Sie fälschte Siegel und Unterschrift ihres Vaters, verbrannte den ursprünglichen

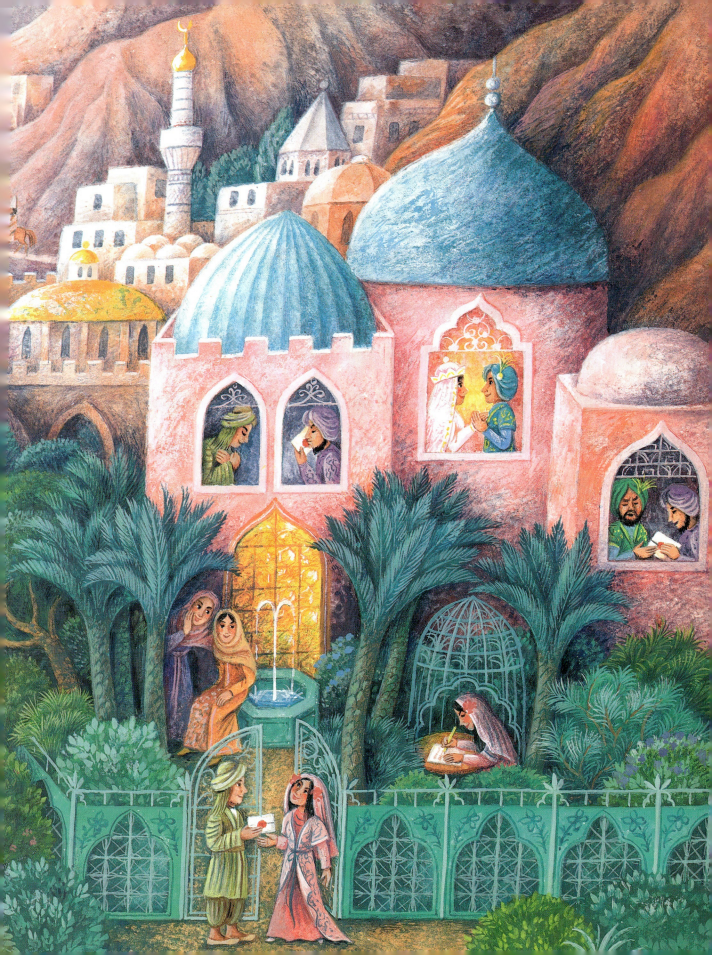

Brief und brachte dem Jungen den neuen. „Nun kannst du damit zum Wesir gehen", sagte sie und lächelte ihm zu. „Auf Wiedersehen!" Er verneigte sich wieder und lief zum Tor des Palastes. Das Siegel des Padischah öffnete ihm den sonst so beschwerlichen Weg zum Wesir. Vor dem Mächtigen warf der Junge sich zu Boden und reichte ihm den Brief. Der Wesir küßte das Siegel seines Herrn, öffnete den Brief und las:

Dieser ... junge Mann soll sogleich nach seiner Ankunft ... mit meiner Tochter verheiratet werden ...

Der Wesir murmelte: „Ich höre und gehorche." Dann aber zog er den am Boden Liegenden zu sich empor, warf sich seinerseits vor ihm zu Boden und rief: „Möge dein Diener Gnade finden vor deinen Augen, Erhabener!" Der junge Mann wußte nicht, wie ihm geschah, und als der Wesir regungslos auf dem Boden verharrte, bat er ihn schließlich aufzustehen. Der Wesir ließ Diener rufen, der Junge wurde gebadet, gesalbt, prächtig gekleidet, und noch am gleichen Abend wurde die Hochzeit gefeiert. Sieben Tage und sieben Nächte dauerten die Festlichkeiten, und die beiden jungen Leute verbrachten eine glückliche Zeit miteinander.

Einige Tage später aber kehrte der Padischah von der Jagd zurück. Er ließ sogleich seinen Wesir rufen und fragte ihn: „Hast du meinen Brief erhalten?"
„Ja Herr", antwortete der Wesir, „und wir haben eine Hochzeit gefeiert – die ganze Stadt hat gejubelt! Und Eure Tochter ist glücklich. Ihr habt einen wundervollen Gemahl für sie ausgewählt!"
Der Padischah erbleichte. „Was Hochzeit, Gemahl?!" stieß er hervor. „Zeige mir den Brief!" Der Wesir reichte ihm den Brief, und der Padischah las ihn. Der Brief mußte vertauscht worden sein! Doch die Hochzeit war vollzogen, vielleicht wuchs im Schoße seiner Tochter schon ein Kind ... Der Padischah wurde puterrot vor Zorn, doch er konnte nichts mehr ändern. So mußte er schließlich einsehen: „Was vom Schicksal beschlossen ist, läßt sich durch menschliche Willkür nicht so einfach ändern!"
Der zehnte Sohn des Schäfers aber und die Tochter des Padischah fanden miteinander ihr Glück.

DIE MÄRCHENSCHATZKISTE

Eines Tages beschloß Anansi, der Spinnenmann, die Märchenschatzkiste zu erwerben, die der Himmelsgott *Nyami* neben seinem Thron aufbewahrte. Alle Märchen und Geschichten der Welt befanden sich darin, und Anansi liebte Geschichten über alles. So wob er ein großes Netz, das von der Erde bis zum Himmel reichte, kletterte hinauf und trat vor Nyamis Thron. Neben dem Thron erblickte er die große, kunstvoll geschnitzte und verzierte Schatzkiste. Er zeigte darauf und sagte: „Ich will die Märchenschatzkiste von dir erwerben!"
Nyami schaute den Spinnenmann an und antwortete: „Dann wirst du den Preis dafür bezahlen müssen!" Darauf brach er in schallendes Gelächter aus, und alle, die ihn umgaben, lachten ebenfalls lauthals. Anansi aber erwiderte ruhig: „Nenne mir den Preis!" Da sprach Nyami: „So bringe mir vier Lebewesen: Onini, die Pythonschlange, Osebo, den Leoparden, Moboro, die Hornisse, und Mmoatia, die unsichtbare Fee!" Und wieder lachten sie alle schallend, denn wie sollte der Spinnenmann das vollbringen? Anansi aber antwortete: „Ich werde sie dir bringen!"
Er kletterte zurück zur Erde und ging zu Aso, seiner klugen und geduldigen Frau. „Aso", sagte er, „ich muß Onini, die Pythonschlange, zum Himmel bringen. Weißt du mir einen Rat?"
Aso überlegte kurz, dann antwortete sie: „Suche dir eine lange Liane." „Danke, das genügt", antwortete Anansi. „Nun weiß ich, was ich zu tun habe." Er suchte eine lange Schlingpflanze und rollte sie auf.

Dann ging er damit durch den Urwald und sagte: „Sie ist länger. Nein, sie ist kürzer! Nein, sage ich dir, sie ist länger! Nein kürzer!" Das hörte Onini, die Pythonschlange. Sie kroch heran und fragte: „Mit wem sprichst du, Anansi?" „Meine Frau Aso und ich, wir haben einen Streit", antwortete der Spinnenmann. „Aso behauptet, daß diese Liane hier länger ist als du, und ich meine, sie ist kürzer. Vielleicht könntest du dich am Flußufer in deiner vollen Länge ausstrecken? Ich würde dann die Pflanze neben dir ausrollen, und wir könnten unseren Streit sehr rasch entscheiden." Onini, die Pythonschlange, war gerne dazu bereit. Sie kroch ans Flußufer und streckte sich in ihrer vollen Länge aus. Anansi aber rollte nun die Liane nicht aus, sondern er schlang sie blitzschnell um Onini und zog sie fest. „Wuinn! Wuinn! Wuinn!" klang das Zuziehen der Knoten. Nun war Onini, die Pythonschlange, gefangen, und Anansi brachte sie zum Himmel und vor Nyamis Thron.
Der Himmelsgott legte seine Hand auf die Pythonschlange und sprach: „Was meine Hand berührt hat, das hat sie berührt. Was meine Hand noch nicht berührt hat, das fehlt noch!" Anansi nickte und kletterte zurück zur Erde. Er ging wieder zu seiner Frau Aso und sagte: „Nun muß ich Osebo, den Leoparden, zum Himmel bringen. Weißt du mir einen Rat?"
„Grabe ein tiefes Loch", antwortete die Spinnenfrau. „Danke, das genügt", unterbrach sie Anansi. „Ich weiß nun, was ich zu tun habe." Er ging zur Wasserstelle, bei der Osebo, der Leopard, immer zu

trinken pflegte, und grub mitten auf der Fährte des Raubtieres ein tiefes Loch. Er bedeckte die Grube mit Zweigen und Blättern, suchte sich wieder eine lange Schlingpflanze und verbarg sich dann im dichten Unterholz.

Osebo, der Leopard, war auf seinem Weg zur Wasserstelle noch nie auf eine Grube gestoßen, und so tappte er in Anansis Falle. Nun kam Anansi aus seinem Versteck hervor, schaute über den Rand der Grube in die Tiefe und fragte mit gespieltem Erstaunen: „Was machst du denn da unten?"

„Ich bin in dieses tiefe Loch gefallen und komme nicht mehr heraus. Bitte hilf mir!" rief Osebo, der Leopard.

„Nein, nein!" antwortete der Spinnenmann. „Sowie du oben bist, frißt du mich doch auf."

„Gewiß nicht!" rief Osebo, der Leopard. „Damit würde ich doch eine gute Tat mit einer bösen vergelten – das mache ich nicht!"

„Nun gut", meinte Anansi, „dann will ich versuchen, dir herauszuhelfen. Es wird allerdings nicht so einfach gehen. Ich will diese Liane hier über einen starken Ast werfen und dir die Vorderpfoten daran festbinden. So kann ich dich dann in die Höhe ziehen. Strecke mir also deine Vorderpfoten entgegen, damit ich sie an der Liane befestige!" Osebo hielt ihm seine Vorderpfoten hin, und Anansi band sie mit der Liane fest zusammen. Dann aber holte er sein Messer hervor und ließ es blitzschnell auf den Kopf des Leoparden herabsausen. „Gao!" klang der Hieb des Messers.

Anansi brachte den Leoparden vor Nya-

mis Thron. Der legte seine Hand auf den Leoparden und sprach: „Was meine Hand berührt hat, das hat sie berührt. Was meine Hand noch nicht berührt hat, das fehlt noch!" Anansi nickte und kletterte zur Erde zurück.Er ging wieder zu seiner Frau Aso und sagte: „Nun muß ich Moboro, die Hornisse, zum Himmel bringen. Weißt du mir einen Rat?"

Aso überlegte ein wenig, dann antwortete sie: „Nimm eine große *Kalebasse*." „Danke, das genügt", sagte Anansi. „Ich weiß jetzt, was ich zu tun habe." Er nahm eine große Kalebasse, machte oben ein Loch und höhlte sie aus. Dann fertigte er einen Stöpsel für das Loch. Er ging mit der Kalebasse zum Fluß, füllte sie mit Wasser und pflückte ein großes Bananenblatt. Mit all dem ging er dann zu dem großen Hornissennest. Die Hornissen flogen ein und aus, er hörte ihr tiefes Brummen und sah ihre langen Stacheln. Anansi nahm die Kalebasse und spritzte ein wenig Wasser aufs Hornissennest und aufs Bananenblatt. Dann goß er sich den Rest über den Kopf und rief: „Moboro! Die Regenzeit ist gekommen! Ich bin bereits bis auf die Knochen durchnäßt! Du mußt Schutz suchen. Krieche in meine Kalebasse hier, da bist du sicher vor dem Regen!" Und Moboro, die Hornisse, kam herangeflogen und kroch durch das Loch in die Kalebasse. Sogleich setzte Anansi den Stöpsel ein. „Famm!" klang der Stöpsel, und Moboro war gefangen. Anansi brachte sie zum Himmel.

Nyami legte seine Hand auf die Kalebasse und sprach: „Was meine Hand berührt hat, das hat sie berührt. Was meine Hand noch nicht berührt hat, das fehlt noch!" Anansi nickte und kehrte zur Erde zurück. Er ging zu seiner Frau Aso und sagte: „Nun muß ich noch Mmoatia, die unsichtbare Fee, zum Himmel bringen. Weißt du mir einen Rat?"

Die Spinnenfrau überlegte eine Weile, dann antwortete sie: „Mache eine Puppe." „Danke, das genügt", sagte Anansi. „Ich weiß nun, was ich zu tun habe." Er machte eine Puppe und befestigte eine lange Liane an ihrem Kopf, so daß sie nicken konnte, wenn er daran zog. Er setzte die Puppe an einen Baum am Rande einer kleinen Lichtung, legte ihr süße *Yamswurzeln* in den Schoß und strich die ganze Puppe mit klebrigem dunklem Honig ein. Dann nahm er das freie Ende der Liane und verbarg sich im Gebüsch.

Es war ein völlig windstiller Tag. Plötzlich aber bewegten sich einige Gräser, Blätter und Zweige, als striche ein leiser Windhauch durch den Urwald. Doch es war kein Wind, sondern es war Mmoatia, die unsichtbare Fee, die sich näherte, um die Puppe zu betrachten. Als sie die süßen Yamswurzeln erblickte, fragte sie: „Sind diese Leckerbissen für mich, Kleines?" Anansi zog an der Liane, und die Puppe nickte. Da freute sich Mmoatia, die unsichtbare Fee, und aß die Yamswurzeln auf. „Danke, Kleines!" sagte sie dann. Die Puppe saß regungslos da. „Danke, Kleines!!" wiederholte die Fee. Die Puppe rührte sich nicht. Die Fee wurde zornig. „Kleines, ich spreche mit dir!" rief sie. „Wenn du mir nicht sofort antwortest, werde ich dich schlagen!" Doch die Puppe blieb stumm, und so schlug sie Mmoatia voller Wut. „Pa!" klang der Schlag der Fee. Aber sie blieb mit ihrer Hand am Honig kleben. Nun schlug sie sie mit der zweiten Hand, aber auch die blieb kleben. Rasend vor Wut trat sie die Puppe mit dem rechten Fuß – und blieb kleben. Sie trat sie mit dem linken – da steckte auch der fest. Schließlich drückte sie ihren Bauch gegen die Puppe, und nun war sie vollständig gefangen. „Oho!" rief Anansi. „Nun habe ich auch dich!" Er brachte die Puppe mit der unsichtbaren Fee zu Nyami. Der Himmelsgott legte seine Hand auf die Puppe und nickte. Er gab Anansi die große Kiste, in der sich alle Märchen und Geschichten befanden, und der Spinnenmann trug sie zur Erde. Er brachte sie in sein Dorf, stellte sie auf den großen Platz und rief alle Dorfbewohner zu einem Fest zusammen. Dann tanzte er voller Freude rings um die Kiste und erzählte allen, wie er sie errungen. Und dann öffnete Anansi die Kiste.

„Huiii!" flogen alle Märchen und Geschichten heraus. Einige erhaschte Anansi, ein paar andere seine Frau Aso, einige andere die übrigen Dorfbewohner. Die meisten aber flogen weit davon und verbreiteten sich über die ganze Welt. Einige davon konntet ihr in diesem Buch lesen.

ANMERKUNGEN
UND WORTERKLÄRUNGEN

Die Märchen dieses Bandes werden in einer sprachlichen Gestalt wiedergegeben, die vom Herausgeber stammt. Sie ist durch oftmaliges Erzählen entstanden, bleibt aber der ursprünglichen Struktur und den Bildern der alten Überlieferungen möglichst getreu. Manches wurde jedoch ausgeschmückt, und zuweilen wurden auch verschiedene Fassungen einer Geschichte zu einer neuen, dem Erzähler stimmiger erscheinenden zusammengefügt.

Angalao und die drei Freunde

Rotang: Kletternde Schilfpalmen, die in den tropischen Regenwäldern Asiens wachsen. Sie können bis zu 100 Meter lang werden. Aus ihnen wird Flechtwerk hergestellt (Rattan).

Teakbaum: Tropischer Baum mit dunkelbraunem, sehr hartem und dauerhaftem Holz. Teakbäume können sehr groß werden.

Wie die Geige zu den Menschen kam

Matuya: Die Feen werden von den Sinti und Roma „Urmen" genannt. Es sind meist bildschöne Jungfrauen. Ihre Königin ist die Matuya.

Die fünf Geister

Samurai: Das Wort bedeutet auf japanisch „Dienender". Die Samurai waren die Angehörigen des japanischen Kriegerstandes im Mittelalter. Sie lebten nach einem strengen Ehrenkodex. Manches an ihnen erinnert an die Ritter im mittelalterlichen Europa.

Der Sohn des Häuptlings und die Tochter von Sonne und Mond

Märchen der Khoi-Khoin (d.h. „Menschen"), einer Völkerfamilie in Süd- und Südwestafrika, die von den europäischen Kolonisatoren Hottentotten genannt wurde.

Catherine Knack-die-Nuß

Märchen von den Orkneyinseln im Norden Schottlands.

Der Obersterndeuter

Allah: Islamische Bezeichnung des einen, von Mohammed verkündeten Gottes, der die Welt geschaffen hat, sie erhält und am Tage des Gerichts richten wird. Ihm gebührt die menschliche Haltung der Ergebung (arabisch „Islam").

Basar: Markt- und Geschäftsviertel einer orientalischen Stadt.

Gekröse: Große Falte des Bauchfells, die den Dünndarm umgibt, ihn hält und schützt.

Harem: In islamischen Ländern der den Frauen und Kindern vorbehaltene Teil des Hauses. Als einziger Mann hat der Hausherr Zutritt. Frauen dürfen den Harem nur verschleiert verlassen.

Padischah: Persischer Fürstentitel mit der Bedeutung „Beschützer-König".

Sheitan: Satan, Teufel.

Gevatter Naum

Baba Jaga: Eine weibliche Gestalt, die in vielen russischen Märchen auftritt. Meist ist sie uralt und lebt in einem Häuschen im Wald, das auf Hühnerfüßen steht und sich im Kreise dreht. Oft sind es auch drei Schwestern, eine älter als die andere. Sie ist zauberkundig und verfügt über magische Gegenstände. Anders als die Hexe im deutschen Märchen, die in der Regel als nur böse dargestellt wird, kann die Baba Jaga hilfreich oder bedrohlich sein, je nachdem, wie ihre Besucherinnen oder Besucher sich ihr gegenüber verhalten.

Werst: Früheres russisches Längenmaß. 1 Werst = 1,067 km.

Der Arme und seine Schicksalsfrau

Schicksalsfrau: Auf griechisch wurde sie Moira, „Die Zumessende" genannt. In vielen Geschichten sind es drei Schicksalsgöttinnen, die gemeinsam auftreten. Ihre ursprüngliche Aufgabe war es, die Geburt der Menschen zu beaufsichtigen und ihnen ihr Lebenslos zuzuteilen.

Wasserpfeife: Ein vor allem im Orient verbreitetes Rauchgerät, in dem der Rauch meist durch kühles, parfürmiertes Wasser (z. B. Rosenwasser) gefiltert wird.

Der zehnte Sohn des Schäfers

Allah: s. o. bei „Der Obersterndeuter".

Derwisch: Islamischer Bettelmönch. Das Wort ist persisch und bedeutet „Bettler".

Padischah: s. o. bei „Der Obersterndeuter".

Schaschlik: Spieß mit kleinen, scharf gewürzten Fleischstückchen (oft vom Hammel), die abwechselnd mit Speck, Zwiebeln, Tomaten, Paprika u. a. aufgereiht werden. Das ganze wird dann über dem Feuer geröstet.

Wesir: Minister in islamischen Monarchien. Das Wort ist arabisch und bedeutet „Träger", „Stütze".

Die Märchenschatzkiste

Märchen der Ashanti, einem Volk aus Westafrika, das im Süden des heutigen Staates Ghana lebt und berühmt für seine Goldarbeiten und Weberei ist.
Die Spinne ist in vielen Geschichten westafrikanischer Völker das „schlaue Tier". Sie ist schwach und wird auch oft als häßlich bezeichnet, ist aber ungemein klug und listig.

Kalebasse: Frucht des Flaschenkürbis. Die wasserundurchlässigen Schalen werden zu Gefäßen verarbeitet.

Nyami: Der Himmelsgott Nyami gilt vielen westafrikanischen Stämmen als oberster Gott.

Yamswurzel: Kletterstauden, deren Wurzelknollen 30–80 cm lang und rund 5 kg schwer werden können. Sie sind insbesondere in Westafrika ein Grundnahrungsmittel. Ihr Geschmack ähnelt dem der Kartoffel.